# 블렌디드 러닝 수업

nded Learning

# 블렌디드 러닝 수업

Blended Learning

싱가포르한국국제학교
수업 실천 사례

김성현 지윤숙 강은하 박종규 노유림
이소영 윤종혁 신은섭 김혜란 송진수
김은혜 양귀란 지음

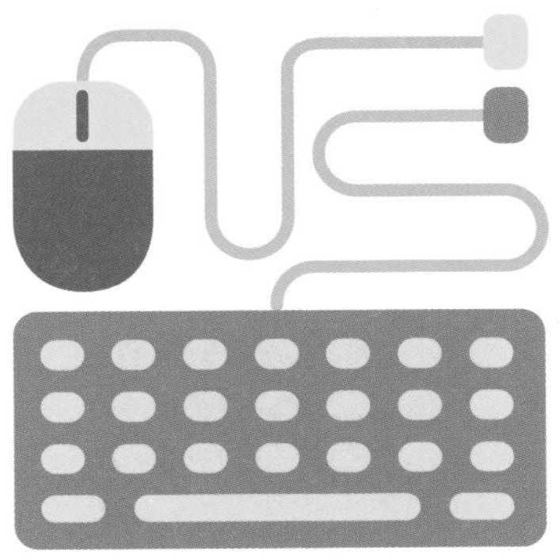

지식프레임

# 프롤로그

Prologue

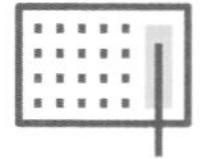

"길을 잃기 전에는, 다시 말해 세상을 잃기 전에는
자기 자신을 찾아내지도, 지금 자신이 서 있는 위치와
자신이 맺고 있는 무한한 관계도 깨닫지 못한다."

– 헨리 데이비드 소로우, 《월든》 중에서

2020년, 교육은 길을 잃었다. 우리는 천천히 현실을 직시하고, 지혜를 모아 방법을 찾기 시작했다. 보이지 않을 것 같던 길이 조금씩 보이기 시작했고, 이전에 볼 수 없었던, 가보지 않았던 길을 찾아냈다.

우리가 찾은 그 길이 정답인지는 알 수 없지만, 더듬더듬 조금씩 앞으로 나아가고 있다. 그리고 우리의 발자국을 따를 이들이 시행착오를 줄였으면 하는 바람으로 걸어온 길을 하나하나 기록했다.

2020년 3월. 코로나19로 인해 등교 수업은 중지되고 학교 수업은 전면 원격 수업으로 전환되었다. 에듀테크 기반의 미래 교육이 갑자기 현실이 되어버렸다. 교육 현장은 혼란에 빠졌다. 이제 학교는 단순히 방역 차원의 원격 수업 진행이 아닌 포스트 코로나 시대를 대비한 교육을 준비해야 한다. 즉 등교 수업(오프라인)과 원격 수업(온라인)의 장점을 살려 교육과정 목표에 도달하기 위한 블렌디드 러닝에 주목할 때다.

싱가포르한국국제학교(Singapore Korean International School, 이하 SKIS)의 블렌디드 러닝 사례를 살펴보기 전에 SKIS가 실시간 쌍방향 수업을 하게 된 배경에 대해 소개하려 한다.

SKIS는 대한민국 교육부 장관의 승인을 얻어 싱가포르에 설립된 한국국제학교이다. 초등 과정은 한 학년에 1~2학급으로 구성되어 있으며, 각 학급은 한국어부 교사와 영어부 교사의 공동 담임으로 운영된다. 1학년부터 6학년까지 모두 주당 40시간 수업으로, 한국어부 19시간과 중국어와 영어를 포함한 외국어부 21시간의 수업을 실시하고 있다. 교육과정으로 한국 교육과정, 영어 레벨 수업, IPC(International Primary curriculum) 교육, 중국어 교육 등이 있다.

2020년 2월부터 싱가포르 내 코로나 확진자가 꾸준히 증가했다. 이에 따라 싱가포르 교육부에서는 갑작스러운 사회 봉쇄 조치(Shut Down)를 대비하기 위해 4월부터 주 1회 원격 수업을 권고했다. 이에 따라 싱가포르 내 대부분 학교는 등교 수업과 원격 수업을 병행한 블렌디드 러닝을 진행했다.

줌(Zoom)을 통한 실시간 쌍방향 원격 수업을 위해 모든 교사는 줌 화상 회의 플랫폼 연수에 참여했고, 2020년 4월 첫 실시간 쌍방향 원격 수업이 실시되었다. 교사, 학생, 학부모 모두 처음 실시하는 온라인 수업이 쉽지만은 않았다. 접속 불량과 스마트 기기 사용 미숙 등으로 많은 어려움이 있었던 것이다.

이를 보완하기 위해 교사 연수 및 학부모와 학생에 대한 안내가 함께 이루어졌다. 그리고 갑작스러운 사회 봉쇄 조치(필수 인력과 요소만 제외하고 회사, 학교, 가게 등이 모두 자택 근무나 휴교, 휴업을 하는 것)로 4월 중순부터 약 두 달 동안 전격 원격 수업으로 전환되었다.

장기간 계속되는 실시간 쌍방향 온라인 수업의 피로감을 극복하고자 학사 일정을 조정해 두 번의 단기 방학을 통한 휴식 시간을 가졌다. 이후, 6월부터 두 그룹(2·3·4학년/1·5·6학년)으로 나누어 등교 수업을 실시했다. 첫 주에 2·3·4학년이 등교 수업을 할 때, 1·5·6학년은 원격 수업을 진행했다. 그리고 다음 주는 1·5·6학년이 등교 수업을 하고 2·3·4학년이 원격 수업을 했다.

그리고 6월 하순부터 전체 등교 수업이 이루어졌다. 등교 개학은 이전과는 다른 모습이었다. 학교에서는 학생들 간의 밀접 접촉을 최소화한 수업을 하기 위해 노력했다. 등교 수업 기간 동안 원격 수업에서는 실시할 수 없었던 활동과 평가를 중심으로 수업이 채워졌다. 국어, 수학, 사회, 과학을 중심으로 중간고사가 실시되었다. 그리고 함께 어울려 진행하는 체육 활동, 영상 제작, 과학 실험이 중점적으로 진행되었다. 물론 언제든 다시 원격 수업으로 전환될 수 있다는 가능성을 염두에 두고 등교 수업을 진행했다.

우리는 이 기록들이 블렌디드 러닝을 고민하는 교사들에게 작은 희망이 되었으면 한다. 블렌디드 러닝에 대해 함께 고민해보자고 했을 때, 자발적으로 모든 초등 교사가 함께 참여했다. 모두 코로나로 촉발된 새로운 시대에 대한 갈증이 있었던 것이다. 퇴근 후, 교실에 모여 앉아 서로의 수업 사례를 공유하고 연구한 내용을 나누며 우리는 함께 성장했다. 그리고 그 과정에서 몸부림치고, 치열하게 고민했던 기록들을 이 책에 담았다. 포스트 코로나 시대를 맞이하여 블렌디드 러닝에 주목해야 할 이유, 해외 사례 조사와 연구, 싱가포르한국국제학교에서 대한민국 국가 수준 교육과정에 근거해 진행했던 블렌디드 러닝의 실제 수업 사례를 학년별, 교과별로 다루면서, 실제적인 교육 경험을 바탕으로 우리 현실에 맞는 한국형 블렌디드 러닝 모델을 제시하고자 한다. 또한 왜 블렌디드 러닝에 주목해야 하는지, 어떻게 무엇을 준비해야 하는지, 교사가 준비해야 할 것은 무엇이고, 성공적인 블렌디드 러닝을 위한 제반 요건은 무엇인지 등에 대해서도 다루려 한다. 이론 연구에 치중한 학술 도서가 아닌, 실제적인 수업 사례와 교육 방향을 다루고 있어 미래 교육을 준비하는 사람들의 시간과 에너지를 아낄 수 있을 것이다.

2020년 싱가포르에서 함께 머리를 맞댄 초등 교사 김성현, 지윤숙, 강은하, 박종규, 이소영, 노유림, 윤종혁, 송진수, 신은섭, 김혜란, 양귀란 선생님, 그리고 학부모와 교사의 입장에서 생각의 폭을 넓혀준 김은혜 선생님까지 12명이 치열하게 고민한 결과가 열매를 맺게 되어 감사드린다.

이 책이 나올 수 있도록 힘써주신 강혜영 교장선생님, 박종화 교감선생님께 감사한 마음을 전한다. 또한 원고의 흐름을 잡고, 결을 맞추어 멋진 책으로 출간할 수 있도록 도움 주신 지식프레임 윤을식 대표님께도 감사한 마음을 전한다.

PART 4

## 함께 만들어가는 블렌디드 러닝



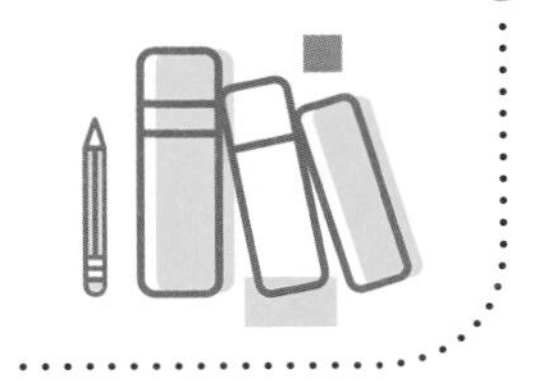

Blended Learning

PART 1

# 왜 블렌디드 러닝인가?

# 포스트 코로나 시대, 교육을 바꾸다

코로나를 기점으로 교육뿐 아니라 사회 전반에 많은 변화를 맞이했다. 특히 교육은 그 변화의 중심에 서게 되었다. 기존 대면 수업만이 최선이라 생각했던 고정관념은 깨졌고, 온라인 수업이 정규 수업으로 인정되었다. 지금까지 대면 교육이 정상이고 비대면 교육이 비정상이었지만, 이제는 비정상이 정상이 되었다. 즉 뉴노멀 시대가 펼쳐진 것이다.[01]

원래 교육 분야는 보수적이며 변화에 조금 더디다는 평가를 받았다. 하지만 교육계는 코로나 사태를 맞이해 민감하고 발 빠르게 움직였다. 4차 산업혁명 시대의 기술 발전, ICT, 전자교과서, 각종 스마트 기기를 활용하는 미래 교육이 코로나로 인해 우리에게 성큼 다가왔으

01 박남기, 학교에 필요한 뉴노멀은 '스말로그 교육', 서울신문, 2020년 8월 11일

며, 코로나 이후에도 우리 교육이 기존의 전통 교육의 형태로 돌아갈 가능성이 적다는 것이 중론이다.

시대가 바뀌었다고 해서 교육의 본질이 바뀐 것은 아니다. 도구와 기술을 배우는 것은 교육 목표에 좀 더 수월하게 도달하고자 하는 것이다. 절대로 수단이 목적이 될 수는 없다. 이러한 기본 원칙을 두고, 어떻게 하면 효과적으로 수업을 디자인하고 진행하면 좋을지에 대해 고민해보고자 한다.

## 코로나 시대가 바꾼 교육 키워드

원격 수업, 온라인 수업, 블렌디드 러닝, 등교 수업 등 코로나 시대를 겪으며 교육에 관한 여러 키워드를 만나게 되었다. 포스트 코로나 시대의 교육에 대해 이야기하기에 앞서 각각의 키워드의 의미를 확인해보겠다.[02]

등교(Face to face) 수업은 전통적인 수업을 말한다. 교사와 학생이 오프라인에서 직접 얼굴을 마주하고 배우고 익히는 수업 형태이다.

원격 수업(Remote Class)은 오프라인이 아닌 온라인에서 진행되는 수업을 말한다. 시간 또는 공간을 초월한 상황에서의 교육으로, 이는 사이버 학습, 온라인 교육, 온라인 수업 등으로도 불린다. 그리고 원격

---

02 경기 블렌디드 러닝의 이해, 경기도 교육청, 2020년 7월
콕!찝!ON! 콕! 찝어서 살펴보는 온라인 수업 백서, 부산시교육청, 2020년 4월
코로나19 대응을 위한 원격 수업 출결 · 평가 · 기록 가이드라인, 대한민국교육부, 2020년

수업의 형태는 실시간 쌍방향 수업(Two-way), 과제 해결형 수업, 그리고 콘텐츠 활용 수업으로 나뉜다.

원격 수업의 한 형태인 실시간 쌍방향 수업은 줌, 행아웃(Hangout), 시스코 웹엑스(Cisco Webex), 구글 미트(Google Meet), 온 더 라이브(ONTHE'LIVE) 같은 플랫폼을 활용해 교사와 학생이 실시간으로 소통하며 수업을 진행한다. 과제 해결형 수업 역시 온라인 수업의 한 갈래이며, 교과 성취 기준에 따른 과제를 자기 주도적으로 해결하면 교사가 이에 피드백을 제공하는 수업이다. 그리고 콘텐츠 활용 수업에서 학생은 교사가 제공한 교육 콘텐츠를 수강하고 이와 관련한 과제를 수행한다.

마지막으로 블렌디드 러닝(Blended Learning)이 있다. 이는 원격 수업과 등교 수업을 결합하여 교육과정상의 학습 목표를 수행하는 학습 형태를 말한다. 이에 대해 한양대 교육공학과 송영수 교수는 "온라인, 오프라인 학습 환경을 최적화하는 전략적 학습 과정"이라고 정의했고, 진주교육대학교 김도헌 교수는 "온라인 오프라인 학습 환경, 다양한 학습 방법, 학습 경험과 업무 과제들을 적절히 혼합, 활용하는 전략"이라고 정의한다. 이를 바탕으로 정리해보면 블렌디드 러닝은 교육과정상 성취 기준에 도달하는 데 있어 가장 최적의 학습 형태를 결정하여 온라인과 오프라인을 융합하여 수업 방법을 설계 및 진행하는 것이라 할 수 있다.[03]

---

03 강진옥, Blended-Learning을 활용한 모둠별 프로젝트 학습에 관한 연구, 전주대학교 교육대학원 석사 논문, 5~6쪽, 2011년 2월

온·오프라인이 융합된 학습을 학습자의 관점에서는 블렌디드 러닝이라 하며, 교수자의 관점에서는 하이브리드 인스터럭션(Hybrid Instruction)이라 한다. 이 책에서는 학습자의 배움에 초점을 둔 측면에서 블렌디드 러닝으로 용어를 통일한다.

이러한 새로운 교육 환경의 변화 속에서 적응하지 못하는 학생이 나올 수도 있다. 광주교대 박남기 교수는 원격 수업으로 인해 온라인 학습 약자가 나타날 수 있다고 말한다. 온라인 학습 약자는 유튜브와 검색 포털을 사용하는 온라인 소비자와는 다르다. 즉 온라인 학습에 집중하지 못하고 디지털 리터러시가 떨어지는 학습자가 있을 수 있다는 것이다.[04]

## 포스트 코로나 시대,<br>블렌디드 러닝을 주목하다

오프라인 교육과 온라인 교육의 장점을 상호 보완한 블렌디드 러닝은 포스트코로나 시대의 대표적인 교육의 모습으로 자리 잡았다. 물론 코로나와 같은 전염병이 창궐하는 일은 없어야겠지만, 이처럼 불가항력적인 상황은 언제든 다시 일어날 수 있고 그런 상황에서 블렌디드 교육은 더 큰 위력을 발휘할 것이다. 온라인과 오프라인의 경계를 허물고, 최선의 방법으로 교육 콘텐츠를 제공한다는 생각이 필요하기 때

04 박남기, 학교에 필요한 뉴노멀은 '스말로그 교육', 서울신문, 2020년 8월 11일

문이다.

그렇다면 포스트 코로나 시대에 교사의 역할은 어떻게 변할까? 지금까지 교사는 지식을 전달하는 역할을 했다. 하지만 이제는 교사들에게 수업 디자이너의 역할, 즉 온라인 수업과 오프라인 수업의 장점을 확인하고 수업 목표에 도달하기 위해 어떠한 방법이 효과적인지를 판단하고 수업을 구성하고 설계하는 능력이 요구된다. 교육과정의 내용을 어떻게 효과적이고, 효율적으로 전달할 것인지 판단하고 최종 결정하는 것이 교사의 중요한 역할이 된 것이다.

나아가 학습 매니저의 역할도 해야 한다. 학생들의 수업 성취도와 참여도를 확인하고 적절한 피드백을 제공하며 개별 맞춤형 콘텐츠를 시기적절하게 안내해주어야 한다. 더불어 동기 부여와 집중력 향상을 위해서도 힘써야 한다. 학생 스스로 자기 주도적인 학습을 할 수 있는 환경을 만들어주는 학습 매니저가 되어야 한다.

하지만 앞서 언급했듯이, 교육 방법과 도구가 목표가 되지 않도록 경계해야 한다. 학생들에게 동기를 부여하고, 창의성과 집중력을 최대한 발휘할 수 있도록 촉진해주는 것이 핵심이다. 이는 교육의 형태가 바뀐다 할지라도 최우선으로 고려해야 할 요소이다.

교육을 통해 우리는 2015 개정 교육과정에 명시된 6가지 미래 핵심 역량을 키우는 데 집중해야 한다. 즉, 공동체 역량, 자기 관리 역량, 지식 정보 처리 역량, 창의 사고 역량, 심미적 감성 역량, 의사소통 역량을 함양시키기 위한 교육적 상상력이 필요하다.[05] 교육의 형태가 바뀐다 해도 교육 자체의 목적에는 변함이 없어야 한다.

코로나로 앞당겨진 미래 교육의 모습에서 핵심 역량을 키워줄 수 있는 효과적이고 효율적인 교육 방법을 찾는 노력이 필요하다. 이제는 방역 차원의 온라인 수업 형태가 아니라, 포스트 코로나 시대를 대비하며 달라진 교육, 지속 가능한 블렌디드 러닝에 대해 생각해야 할 시기이다. 현재, 다양한 교육 방법과 효과, 실험들이 현재진행형으로 진행 중이며, 이는 계속 진화해야 한다.

블렌디드 러닝에 정답은 없다. 여러 가지 해답들 가운데 교사가 선택한 것이 바로 정답이 될 것이다. 하지만, 많은 해답들을 위해 함께 머리를 맞대고 치열하게 고민해야 한다.

---

05 개정 교육과정 총론, 교육부, 2015년

# 블렌디드 러닝의 등장

코로나 펜데믹이 정점으로 치달은 2020년 4월, 우리나라를 포함한 세계 192개국이 등교 중지를 결정했다. 전 세계 학생의 90퍼센트, 약 15억 명의 학생들이 학교에 갈 수 없게 되었다. 전 세계 교육 관계자들이 교육 정상화를 위해 많은 노력을 했고, 장기간 수업 결손의 대안으로 다양한 형태의 원격 수업들이 등장했다.

두려움으로 시작했지만 원격 수업에는 다양한 장점들이 있다. 원격 수업에서는 학습자가 본인의 속도와 수준에 적합하게 학습할 수 있다. 이러한 특성 때문에 자기 관리가 되는 학습자의 경우 성취 수준이 올라가는 현상을 보였다. 가르치는 입장에서도 학습자 한 명 한 명을 고려한 진정한 수준별 수업이 가능하며, 학습 결과물에 대해서도 효과적인 개별 피드백이 가능하다. 이러한 장점들로 인해 앞으로 고등 교육의 경우 원격 수업이 더욱 확대될 것이다. 하지만 장점만 있는 것은 아니었다. 코로나 사태로 인해 급하게 실시한 원격 수업은 몇몇 부작용을 보여주었다.

우선 학습의 질을 보장할 수 없었다. 자기 관리가 잘 안 되는 학습자의 경우 부진이 누적되는 현상을 보였다. 이를 극복하기 위해 일부 학교에서는 실시간 쌍방향 수업을 통해 학습의 질을 최대한 보장하고자 노력했다. 하지만 이는 정보화 기기에 자유롭게 접근할 수 있는 것이 기본 조건이다. 이러한 현실적인 어려움으로 인해 대부분의 국가가 과제 제시형 학습을 대안으로 제시했다. 그러나 이 역시 자기 주도적 학습 습관을 갖추지 못한 학생에게는 효과적이지 못한 방법이다. 성취도가 등교 수업을 할 때보다 떨어지는 학생들이 많아졌고, 결국 중위권 학생들이 줄면서 학습자가 상위권과 하위권으로 극명하게 나뉘는 현상이 나타났다.

원격 수업은 새로운 형태의 부작용도 보여주었다. 교육의 평등은 대부분의 국가에서 중요하게 생각하고 있다. 영국에서는 모든 학생이 원격 수업에 평등하게 접근하게 하겠다는 목표하에 지난 6월 20만 대의 노트북을 무상으로 보급한 데 이어 앞으로 15만 대의 노트북을 추가로 보급할 계획이다.[01] 이러한 노력에도 불구하고 공교육에서 진행되는 원격 수업의 질에 만족하지 못한 일부 학부모들이 사교육 시장으로 눈을 돌리고 있다. 영국에서는 원격 수업의 시작과 함께 사교육 업계가 때아닌 호황을 누리고 있다. 온라인 과외가 성행하고, 부유한 가정의 경우 개인 교사에게 원거리에 있는 사유지나 요트를 제공하고,

01 교육정책네트워크 정보센터 홈페이지 중 국가별 교육 동향 참조(http://edpolicy.kedi.re.kr/)

그곳에서 거리 유지를 하면서 수업을 해달라고 요구하기도 한다.

아동의 주거 빈곤도 문제로 떠오르고 있다.[02] 최은영 도시연구소장은 "아이들이 집에 머무는 시간이 많아지는데, 단칸방처럼 원격 수업을 받을 수 있는 공간 자체를 확보하지 못하는 경우도 있다. 공부할 수 있는 나만의 공간을 갖지 못한 아이들은 학교가 제공했던 학습 기회도 빼앗길 위기에 놓인다"고 설명했다. 열악한 주거 환경에서 사는 가정의 경우 부모 역시 정신적 스트레스를 겪을 확률이 높으며, 이는 자녀에게 영향을 끼쳐 우울, 불안, 거짓말과 공격성 등 정신적 문제를 일으킨다는 분석이다.

대면 수업 때 학교에서 자연스럽게 제공되던 또래와의 상호 작용이 장시간 단절되면서 학생들에게 각종 부작용이 발생하고 있다. 이러한 부작용은 더욱 뚜렷이 나타날 것이고 앞으로 더 큰 교육 양극화를 만들어낼 것이다.

## 원격 수업, 등교 수업,
## 미래는 블렌디드 러닝

원격 수업 시대에 역설적으로 등교 수업의 필요성이 대두되고 있다. 원격 수업만으로는 채울 수 없는 등교 수업만의 장점이 많기 때문이다. 이런 이유로 코로나가 계속되고 있음에도 불구하고 여러 나라

---

02 전유안, 주거 빈곤 아동, 원격 수업 받을 공간 자체도 없어, 서울&, 2020년 8월 6일

가 등교 수업을 강행하고 있다. 2차 팬데믹 상황인 2020년 9월, 52개국 8억 7천여 명의 학생들이 온라인으로 수업에 참여하고 있다. 절대적으로 많은 숫자이다. 하지만 지난 1차 팬데믹 상황과 비교하면 많은 학교가 코로나 재확산의 위험을 감수하면서도 등교 수업을 실시하고 있음을 알 수 있다.

원격 수업 기간 중 학생들은 '학교에 가고 싶다'는 말을 반복한다. 평소라면 상상하기 힘든 반응이다. 그런데 등교 수업을 원하는 것은 교사와 부모도 마찬가지다. 원격 수업이 진행되면서 점점 수업 체계가 잡혀갔지만 등교 수업 이상의 노력에도 불구하고, 실제 그만큼의 효과를 얻을 수 없는 경우도 있었다. 또한 학교의 보육 기능이 부각되었다. 맞벌이 부모들은 자녀 돌봄의 어려움과 원격 수업을 도와주기 힘든 상황 등으로 등교 수업의 필요성을 호소했다.

학생들의 등교 거부라는 새로운 문제도 등장했다.[03] 원격 수업이 장기화되자 생활 리듬이 깨진 학생들이 등교일에도 등교를 거부하고 병결을 내는 경우가 많아졌다. 이러한 부작용은 원격 수업과 등교 수업을 밀접하게 연결하는 연결 고리가 없기 때문이다. 코로나 팬데믹이 만들어낸 새로운 세상에서는 교육이 이 둘을 잘 연결해야만 한다. 지금처럼 둘의 연결 고리가 끊어진다면 부작용은 더욱 심해질 것이다.

원격 수업과 등교 수업은 각각의 장단점이 있다. 때문에 둘을 적절히 연결할 수 있다면, 오히려 시너지 효과를 내면서 더 좋은 결과를 만

---

03 신중섭, '원격 수업 부작용' 등교일에도 학교 안 가려는 학생들, 이데일리, 2020년 9월 25일

들어낼 수 있다. 수업 자체만 본다면 주제에 따라 온라인으로 수업하는 것이 효과적인 경우가 많다. 다양한 온라인 플랫폼들은 학습자를 더욱 수업에 몰입하게 할 수 있다. 에듀테크는 원격 수업을 계속해서 업그레이드할 것이다. 때문에 온라인 수업은 코로나 이후에 더욱 확대될 것이며, 일부 미래학자들은 등교 수업이 사라질 거라 예측하기도 한다. 하지만 실제로 운영해본 결과 원격 수업의 한계를 경험했다. 사람이 직접 만나면서 얻을 수 있는 많은 장점들이 있기 때문이다. 그래서 떠오른 것이 양쪽의 장점을 모두 수용해, 원격 수업과 대면 수업의 장점을 살린 블렌디드 러닝이다.

## 블렌디드 러닝의 새로운 제안, 핀란드[04]

원격 수업으로의 전환이 순조로웠던 나라 중 하나가 교육 선진국인 핀란드다. 핀란드는 코로나 사태 이전에 이미 윌마(Wilma, 일부 지역은 헬미(Helmi))라는 원격 학습 관리 솔루션을 제공하고 있었다. 이 시스템은 우리나라에서 운영하는 나이스 시스템과 유사한데 다른 점은 단순히 학생의 학교생활을 기록하는 것을 넘어서 학부모 또는 학생과 원격으로 소통할 수 있는 시스템이란 것이다. 핀란드에서는 원격 수업이 시작되자 윌마 시스템을 사용하여 순조롭게 원격 수업으로의 전환

04 핀란드 교육부 홈페이지 참조(https://minedu.fi/koronavirus-ja-varautuminen)
핀란드 교육청 홈페이지 참조(https://www.oph.fi/en)

을 이루었다. 핀란드의 리 안데르손 교육문화부 장관은 원격 수업 도입에 대해 "전반적인 평가는 놀랍도록 좋다. (원격 수업으로의) 전환은 매우 순조롭게 이루어졌다. 원격 수업에 대한 규정이 교육기본법에 없음에도 불구하고 단지 하루 만에 전환에 대한 준비가 되었다"고 평가하기도 했다.

그럼에도 불구하고 접속 초기에 다수의 동시 접속자를 감당하지 못해 윌마 시스템이 셧다운 되는 등의 문제가 있었다. 또한 원격 수업을 진행하면서 학생들의 건강 문제라거나 취약 계층이나 장애 학생을 고려하지 못해 학생들 사이에 교육 격차가 벌어진다는 문제점도 드러났다. 학교라는 비슷한 공간 환경이 아닌 소득 격차가 다른 가정이라는 공간 환경에서의 스마트 기기 보유의 차이, 컴퓨터 등 디바이스를 다루는 실력의 차이, 학부모의 지원이 가능한지 여부의 차이 등이 극심하게 드러났다. 가장 큰 문제는 교육의 질이 저하된다는 것이다. 아무리 효율적인 시스템을 운영하더라도 원격 수업에는 한계가 있었다. 핀란드 보건복지부 직원은 "학교 과제를 완수하는 데 필요한 지원을 받지 못하거나, 학교에서 공부하는 것처럼 조용하고 안전하게 공부할 장소가 없는 학생들이 많다"라고 말했다.

핀란드의 경우 코로나 사태 이전부터 원격 수업을 준비해왔고 국가 수준의 훌륭한 시스템도 갖추고 있었다. 핀란드는 언제든 원격 수업으로 전환 가능한 시스템을 갖추고 있었기에 필요에 따라 언제든 위기 상황에 대비할 수 있었다. 원격 수업은 어쩔 수 없는 세계적인 흐름일 것이다. 언제든 가능한 등교 수업과 원격 수업의 빠른 전환은 지금과 같은 위기 상황에 필요한 새로운 블렌디드 러닝 모델이 된다.

## 블랜디드 러닝의 새로운 가능성, 싱가포르[05]

2019년 말 코로나가 전 세계로 퍼지기 시작한 시점에 발 빠르게 국경을 통제한 싱가포르는 초기 방역에 성공하는 것처럼 보였다. 하지만 이후 외국인 노동자 숙소에서 집단 감염이 발생하면서 걷잡을 수 없이 확산되었다. 지난 4월 싱가포르 정부는 슈퍼마켓 등 필수 시설을 제외한 모든 상가 및 기업을 폐쇄하는 서킷 브레이커(Circuit Breaker)를 실시했다. 학교의 경우, 초기에는 '학교가 오히려 학생들에게 안전한 장소'라고 설득하며 등교 수업을 실시했지만, 이후 유치원을 시작으로 학교에서 감염 사례가 보고되자 주 1회 원격 수업(HBL, Home Based Learning)을 실시하면서 원격 수업을 준비하는 듯했다. 하지만 앞서 이야기한 서킷 브레이커가 발동되면서 모든 학교가 즉시 폐쇄되고 바로 원격 수업으로 전환되었다. 애초 한 달 예정으로 서킷 브레이커를 실시했으나 이후에도 외국인 노동자 숙소의 감염률이 낮아지지 않자 한 달을 더 연장했고, 학교도 계속 폐쇄된 상태였다. 외국인 노동자 감염률이 낮아지자 입시를 준비하는 초등학교 6학년과 고등학교 3학년의 등교 수업이 시작되었다. 이후 전체 학생을 반으로 나누어 격주로 등

---

05 싱가포르 교육부 홈페이지 참조(https://www.moe.gov.sg/)

교 수업과 원격 수업을 시행하면서 단계적으로 등교 수업을 재개했다.

새로운 학기가 시작된 9월 현재는 마스크 착용, 1미터 거리 두기, 방과 후 활동 금지 등 다양한 안전 조치 후 모든 학교가 등교 수업을 운영 중이다. 싱가포르는 방역과 관련된 모든 조치를 철저하게 단계별로 통제하면서 운영했다. 대다수의 국민이 정부의 조치에 적극적으로 협조하면서 9월 현재 확진자 수는 안정적으로 통제되고 있다.

싱가포르의 원격 수업은 국가 차원의 원격 수업 플랫폼인 SLS(Stud-ents Learning Space)를 중심으로 운영되었다. 사전에 국가 차원의 원격 수업 플랫폼이 있었기에 원격 수업으로 빠르게 전환할 수 있었다. 하지만 실제 운영은 과제 중심형 수업이 대부분이었다. 실시간 쌍방향 수업을 부분적으로 도입한 학교도 있지만, 기본적으로 싱가포르에서는 HBL을 가정 학습의 일부로 간주했다. 학생이 스스로 가정에서 학습하도록 하고 교사는 학습을 안내하는 정도로 운영했다.

HBL을 통해 원격 수업을 운영해본 싱가포르에서는 블렌디드 러닝을 미래의 수업으로 제시하고 있다. 예를 들어 과학 수업의 경우 원격 수업으로 직접 실험을 수행하는 것은 어렵다. 하지만 원격 수업을 통해 개념을 충분히 학습한 후 등교 수업에서 실험을 하는 것은 기존의 등교 수업이나 원격 수업보다 효과적인 교수 결과를 보여준다. 코로나로 인해 원격 수업의 가능성을 충분히 검증한 싱가포르는 코로나 이후에도 블렌디드 러닝 형태로 수업을 개편하려고 계획 중이다.[06]

---

06 싱가포르 교육부 뉴스 홈페이지 참조(https://www.schoolbag.edu.sg/)

# 왜 우리는 블렌디드 러닝에 주목해야 하는가?

미래의 학교는 어떤 모습일까? 교육의 미래를 논하면서, 급속한 사회 변화와 디지털 기술의 발달로 학교가 사라질 것이라 전망하는 이들도 있다. 그러나 학교 교육은 단순하게 학생들의 지식 수준을 높이기 위해 존재하는 것이 아니다. 학교가 단지 그런 기능으로만 존재했다면 사교육 시장이 발달한 한국에서 과연 학교가 살아남을 수 있었을까? 그냥 학원에 다니는 것이 시간적인 면에서 훨씬 효율적일 게 분명한데 말이다. 그러나 학교는 여전히 존재하고 아이를 학교에 보내지 않는 부모는 거의 없다. 아이들은 학교에서 공부만 하는 것이 아니라 다른 사람들과 사회적 관계를 맺고 상호 작용하면서 지식보다 더 많은 것들을 배운다.

학교는 사라지지 않는다. 단지 교육 형태와 내용이 사회의 변화에 부응하며 계속 유지될 것이다. 그렇다면 인공 지능(AI), 사물 인터넷

(IoT), 로봇, 가상 현실(VR) 등이 주도하는 차세대 4차 산업혁명 시대에 학교 교육은 왜 블렌디드 러닝의 형태로 바뀌어야 할까?

## 학습자가 주도하는 개인 맞춤형 교육이 가능하다

학생 각자의 수준과 흥미, 적성에 맞는 개별화 교육의 중요성이 대두되었지만 대면 수업에서 수업의 초점을 학습자 개개인에게 맞추기는 어렵다. 원격 수업과의 병행은 개인 맞춤형 학습을 가능하게 한다. 학생 개개인의 수준과 흥미를 고려하여 개인별 교육 콘텐츠를 제공할 수 있고, 기존의 학교라는 공간을 탈피한 각자의 영역에서 다른 내용을 배울 수 있다. 또한 인공 지능 기술과 데이터 분석 기술을 통해 학습 내용, 교수·학습 방법, 진도의 빠르기 등에 대한 학생의 민감도와 숙련도를 측정하여 학습 상황과 수준에 대한 데이터를 체계적으로 전달할 수도 있다. 또한 교사는 학생 개개인에 대한 정량화된 데이터를 토대로 학습자의 수준과 관심에 맞는 개별화되고 세분화된 맞춤형 학습 자료와 효과적인 학습 방법을 제공할 수 있으며,[01] 다양한 학생의 관심과 적성에 맞춰 수업을 진행해 교육의 질과 만족도를 높일 수 있다.

블렌디드 러닝에서는 자기 주도 학습을 더욱 강조한다. 지식을 주

---

01 홍선주, 제4차 산업혁명시대 학교 교육의 변화 방향 탐색, 교육광장 2017 Summer, vol.64, 한국교육과정평가원

입하는 방식의 수업에서 벗어나, 스스로 학습하고 콘텐츠를 가공할 수 있는 능력을 기르는 데 초점을 둔다. 디지털 역량을 갖추게 되면서 많은 정보들을 스스로 찾아내고 학습에 이용하면서 자기 주도적 문제 해결력을 기를 수 있다.

## 시간적·공간적 제약을 덜 받는다

블렌디드 러닝 교육 형태는 예상할 수 없는 감염병의 유행, 자연재해와 같은 상황이 발생했을 때 빠르게 원격 수업으로 전환할 수 있게 도와준다. 오염된 지구 환경 속에서 등장하는 신종 바이러스나 기후 변화로 인한 천재지변 등 앞으로 어떤 일이 발생할지는 아무도 알 수 없다. 이와 같은 위기 상황에서 시간적·공간적 제약을 받지 않는 원격 수업이 등교 수업 결손의 대안일 수밖에 없다. 대인 간 접촉이 불가능한 상황에서 학습자의 건강과 안전을 보장할 수 있다는 큰 장점이 있기 때문이다.

원격 수업에 또 어떤 장점이 있을까? 언제 어디서나 들을 수 있기에 교육 수준의 지역 격차를 줄이고 균질한 수준의 교육 내용을 전달할 수 있다. 그래서 지역 간, 또는 계층 간 교육 격차를 해소할 수 있다. 도서 벽지에 사는 학습자까지 언제 어디서나 원하는 내용을 배울 수 있는 것이다. 또한 각 지역의 다양한 정보를 서로 주고받을 수 있으며,[02] 더 나아가 해외의 강의도 들을 수 있다. 실제로 무크(MOOC, Massive Open Online Course, 대규모 원격 학습 공개 수업)를 통해 하버드대, 스탠퍼드대, 매사추세츠공대 등 명문 대학의 강의를 세계 어느 곳에서나 들을 수 있다. 전 세계가 연결되는 수업이 가능한 것이다. 뿐만 아니라 유비쿼터스 환경을 이용하여 가르치고 배우는 유 러닝(U-learning)도 가능하다. 학교도 국제 교류 프로그램 등 기존 대면 수업에서 접하지 못한 새로운 시도를 할 수 있게 되었다.

## 지성과 감성이 어우러진 다양한 경험이 가능하다

원격 수업에 개인 맞춤형 교육이 가능하고 학습자의 건강과 안전을 보장할 수 있는 등의 많은 장점이 있음에도 불구하고 이것만으로는 교육이 완성될 수 없다. 학교에서 아이들은 지식만 배우는 것이 아니라 다른 사람들과 상호 작용하고 감정적으로 교감하면서 더 많은 것을 배우고 성장해나간다. 이렇게 학습자의 사회적·정의적 발달의 중요성을 고려할 때 등교 수업은 매우 중요하다. 온라인상에 축적된 데이터가 그 사람의 모든 것을 말해주지는 않는다. 인공 지능 로봇이 사람을 대신할 수는 없다. 학생들은 학교에서 이뤄지는 실험, 실습 등의 학습 활동과 학습 외의 놀이 활동들을 통해 지식만이 아니라 다양한

---

02 강윤주, 포스트 코로나 시대… IT코리아 힘으로 공생하는 생태계 구축, 대한민국 정책 브리핑, 2020년 4월 16일

감성과 감정을 배운다. 다양한 실물을 접하며 아름다운 것들에 대한 감동을 느끼고 다른 사람들과 부딪히고 협동하면서 배려와 존중을 배운다. 또한 등교 수업에서의 어울림과 협력적 배움 활동을 통해 더불어 살아가는 공동체 정신을 배운다. 블렌디드 러닝은 온·오프라인 수업의 특성과 장점을 최대한 활용하여 지식 교육과 정의적 인성 교육이 조화를 이루어 학습자의 지성과 감성을 발달시키고 성장해나갈 수 있게 한다.

## 창의적이고 유연한 교육과정 운영이 가능하다

한 손에 들어오는 작은 스마트폰 하나면 원하는 지식과 정보를 쉽게 찾고 배울 수 있다. 이제는 더 이상 지식이나 정보를 암기하여 머릿속에 넣고 다닐 필요가 없게 되었다. 지식이 부족하거나 몰라서 문제가 되는 것이 아니라, 넘쳐나는 지식을 어떻게 자기에게 맞도록 관리하고 활용하는지가 중요하게 된 것이다.[03]

교사는 가르치기만 하는 사람이 아니다. 학습자가 온·오프라인 교육을 통해 자신이 필요로 하는 것을 스스로 찾아내어 자기만의 교육과정을 만들어나갈 수 있도록 도와주는 조력자이며, 이에 따라 교사와 학습자의 창의적이고 유연한 교육과정 운영이 가능해진다.

---

03 허숙, 4차 산업혁명과 교육…②4차 산업혁명 시대 학교 교육의 변화, 에듀인뉴스, 2017년 7월 10일

디지털 정보 사회에서는 새로운 지식의 생산과 소멸 속도가 훨씬 빨라진다. 오늘 알고 있던 지식이 내일이면 쓸모없는 것이 되기도 한다. 과학과 정보 통신 기술의 발전은 직업 속성에도 빠른 변화를 가져올 것이다. 따라서 한 번 배운 지식이나 기술을 오랫동안 쓰는 일이 불가능해질지도 모른다.[04] 교육은 이제 어린 학생만을 가르치는 것이 아니라, 성인 교육 또는 평생 교육으로 발전해나가야 한다. 블렌디드 러닝은 이런 평생 학습 체제를 더 용이하게 해준다. 나이와 관계없이 누구나, 언제, 어디서나, 자기가 알고 싶은 내용을 학습할 수 있는 환경이 가능해지기 때문이다.

오늘날과 같은 변화의 시대에 맞게 학교도 변해야 한다. 이제 학교라는 공간적·물리적 울타리를 벗어나 새로운 형태의 교실이 만들어진다. 그렇지만 학교의 환경과 형태가 변화하더라도 교육 본연의 역할과 기능은 여전히 그대로이다. 학생들이 미래 생활을 준비하고 스스로 살아갈 수 있게 하는 역할을 통해 학교와 교사의 중요성이 부각되기를 기대한다.

---

04 허숙, 4차 산업혁명과 교육… ②4차 산업혁명 시대 학교 교육의 변화, 에듀인뉴스, 2017년 7월 10일

# 블렌디드 러닝의 성공 조건

세월이 흐르고 사회가 변하면서 교육도 많이 달라졌다. 과거에는 학습자에게 지식을 전달하고 이해하도록 했지만 지금은 학습자 스스로가 지식을 발견하고 활용하는 능력을 기르는 방향으로 바뀌고 있다. 이에 따라 교수 학습 방법 또한 강의에 의한 전달 방식에서 교사와 학생 간의 상호 작용에 의한 학습 방식으로 변화되어왔다. 이렇듯 교육 내용이 달라지고 다양한 교수법이 등장했지만 교사가 학생과 대면하여 가르치고 배우는 교육 형태는 항상 유지되었다.

블렌디드 러닝은 이러한 교육 형태를 바꾸는 것이다. 지금까지의 전통적인 수업 방식에서 벗어나 시간과 공간의 제약을 받지 않고 교사와 학생이 만나게 된다. 과거 형태에 익숙한 사람들에게 이 혁신적인 교육 시스템의 도입은 많은 혼란과 의문을 야기할 수 있다. 원격 수업으로 공부가 가능할까? 원격 수업과 등교 수업을 어떻게 효과적으로 병행할 수 있을까? 이런 혼란과 의문을 잠재우고 블렌디드 교육이 성공하기 위해 어떠한 조건들이 필요한지 알아보자.

## 원격 수업을 가능케 하는 기술적 인프라의 구축

한국은 IT 강국이며 스마트 기기 보급률과 정보 통신 능력이 세계에서 가장 높은 수준이다. 그럼에도 대한민국의 학교에는 아직 무선 인터넷이 되지 않는 교실이 많고 웹캠, 마이크 등 원격 수업을 위한 기본적인 스마트 기기 역시 충분히 갖추어지지 않은 상황이다. 또한 많은 학습자들이 온라인 교실에 동시에 접속할 때 생기는 트래픽 과부하로 인한 오류나 지연 문제 또한 원격 수업을 방해하는 요인이다. 블렌디드 러닝 도입을 위한 인프라 구축 예산을 편성하여 학교에 기본적인 시설과 장비를 지속적으로 보급해야 한다. 또한 안정된 서버 구축을 통해 접속 지연 같은 문제를 해결해서 원격 수업의 불편함을 최소화해야 한다.

대부분의 가정에 스마트폰이나 노트북, 인터넷 통신망이 갖추어져 있지만 그렇지 못한 가정도 있다. 저소득층 가정에 대한 사전 고려가 필요하다. 스마트 기기를 접하기 힘든 학생들에게 기기를 제공하고 원격 수업 시 장애가 발생하지 않도록 원격 지원 시스템을 갖춰야 한다. 인터넷 요금을 지원하는 등 원격 수업에 집중할 수 있는 생활 관리 및 지원도 부가적으로 이루어져야 한다. 디지털 기기와 인터넷 장비의 지원에서부터 가정에서 수업 진행이 어려운 경우 어떻게 해결할 것인지에 대한 논의가 필요하다.

## 교사와 학생을 모두 만족시키는 원격 수업 플랫폼

교사와 학생이 교실이라는 한 공간에서 만나지 않고 각자 다른 공간에서 효율적으로 상호 작용하면서 교육 효과를 높이기 위해서는 원격 수업 플랫폼이라는 공간이 필요하다. 원격 수업 플랫폼이란 교사와 학생이 원격 수업을 위해 이용하는 소프트웨어, 즉 수업 기반 웹사이트를 말한다.

예를 들어, 실시간 쌍방향 원격 수업을 위한 플랫폼으로는 줌, 구글 미트, MS 팀즈(Teams) 등이 있고 교육 자료나 과제를 제시하고 학습 진도, 출결 등을 확인할 수 있는 플랫폼으로는 e학습터, EBS 온라인 사이트 등이 있다.

학습의 주체는 학습자이다. 2015년 개정 교육과정 역시 학습자가 주체가 되어 자기 삶의 실제적인 문제를 능동적으로 해결해나갈 수 있는 역량을 강화하는 데 초점을 맞추고 있다. 단순히 교육 콘텐츠를 나열하는 방식의 플랫폼으로는 학생들의 역량을 강화할 수 없다. 교육의 과정은 학생이 수준에 맞는 콘텐츠를 학습하고 교사와 다른 친구들에 의한 피드백을 받는 등의 상호 작용을 거쳐야 진행된다. 이 과정을 가능하게 하기 위해서는 스마트 기기에 익숙한 중고등학생뿐 아니라 초등학생까지 교육 프로그램에 쉽게 접속할 수 있어야 한다. 더 나아가 질의응답, 토론 및 평가까지 가능하며 학습자가 능동적이며 주도적으로 참여할 수 있는 교육 플랫폼이 필요하다. 교사가 다루기 쉬워야 하는 것은 물론이다. 쉽고 편리하게 원격 교육의 효과를 높일 수 있으며 교사의 교수법이 제대로 전달될 수 있는 수준 높은 플랫폼이 갖춰져야 한다. 원격 수업 플랫폼을 통해 교사와 학생이 시공간을 넘나들면서 함께 참여하고 만들어가는 학습 공간이 필요하다.

## 등교 수업과 원격 수업의 특색에 맞는 교육 콘텐츠의 활용

실시간 쌍방향 원격 수업에서의 교육 콘텐츠는 등교 수업과 마찬가지로 수업의 보조 자료로 활용된다. 교사의 수업 의도에 적합하며 학습자의 흥미와 동기를 유발하기 위한 동영상, 노래, PPT 등의 교육 콘텐츠는 1차시 수업의 일부로 활용된다. 반면에 콘텐츠 활용 수업이나 과제 해결형 원격 수업에서는 교육 콘텐츠가 1차시 수업의 주를 이루게 된다. 그만큼 원격 수업에서의 교육 콘텐츠는 교육적 도구로써 중요한 기능을 한다.[01]

학생들은 교사가 아닌, 교육 콘텐츠를 통해 배우고 습득하게 된다. 1차시 분량의 동영상 강의가 될 수도 있고 스스로 해결하는 퀴즈 과제

01 코로나19가 촉진한 원격 교육의 현재와 미래, 2020 KISA REPORT

나 가상 박물관, 해외여행 등과 같은 간접 체험 프로그램이 될 수도 있다. 학습 주제를 다양한 디지털 매체와 접목하여 단순히 정보를 제공하는 것뿐 아니라, 간접 체험을 할 수 있는 학습 환경을 제공할 수도 있다. 블렌디드 러닝에서의 교육 콘텐츠는 기존의 교육 콘텐츠보다 다양한 학습자의 요구를 반영하여 풍부하게 제공할 수 있으며 이를 통해 개개인의 학업 성취도를 효과적으로 향상시킬 수 있다.

이런 다양한 콘텐츠를 활용하여 등교 수업과 원격 수업을 어떻게 병행해야 할까? 실제로 원격 수업을 진행하다 보니 1차시가 굉장히 알차게 진행되는 것을 느낄 수 있었다. 수업 중에 학생의 바르지 못한 행위를 바로잡으려고 잔소리하거나 생활 지도를 하는 시간이 줄어들었기 때문이다. 양질의 수업 콘텐츠를 전달하고 이 내용에 대한 상호 작용과 피드백을 하면서 오로지 수업에만 집중할 수 있었다. 과목이나 학습 주제 특성을 고려하여 지식 전달 중심의 내용은 원격 수업으로, 다양한 상호 작용이 필요한 대면 활동 위주의 수업은 등교 수업으로 진행하여 온·오프라인 공간의 장점을 최대한 활용해야 한다.

정보가 넘쳐나는 시대인 만큼, 클릭만 하면 다양한 콘텐츠들을 쉽게 접할 수 있다. 교과목과 학습 내용에 적합한 교육 콘텐츠 역시 각종 교사들의 커뮤니티와 각 시도교육청에서 개발되어 많이 공유되고 있다. 다양한 자료 중 학습자 개개인의 흥미와 요구, 학습 상황 등을 고려하여 자료를 선별하고 학습자의 특성에 맞는 개별화된 디지털 콘텐츠를 제공하여 의미 있는 학습이 이루어지도록 해야 한다.

## 블렌디드 러닝의 성공을 위한 교육부 지원 및 가이드라인 마련

한국에서 원격 수업을 시작하자 학교마다 수업 방법이 다르다는 것이 문제가 되었다. EBS 동영상과 사이트로만 온라인 수업을 하는 학교가 있는가 하면 우수한 장비를 갖추고 쌍방향 수업을 하는 학교도 있었다.

학교 간 수업 방법의 차이는 학부모의 불만과 많은 학생들의 학력 저하를 초래한다. 실제로 원격 수업이 길어지면서 중위권이 사라지고 학력 격차가 커졌다는 기사를 쉽게 접할 수 있었다. 이를 방지하기 위해서 교육부는 모든 학교가 함께 양질의 수업을 제공할 수 있도록 적극적인 지원을 해야 하며, 더불어 블렌디드 러닝을 위한 가이드라인을 마련할 필요가 있다.

또한 각종 연수 등 전문성 개발 방안을 마련하여 교사가 에듀테크를 기반으로 한 디지털 역량과 교육과정 리터러시를 갖출 수 있게 하거나 블렌디드 러닝의 운영으로 발생하는 교사의 업무를 줄여주기 위해 영상 편집 전문가, 콘텐츠 개발자 등의 인력 지원 방안도 모색할 필요가 있다.

교육부가 다양한 의견을 잘 수렴하여 교사가 블렌디드 러닝 역량을 강화할 수 있도록 재정적·인력적 지원을 하고 명확한 가이드라인을 제공하여 모든 학습자가 수준 높은 교육을 받을 수 있도록 지원하길 기대해본다.

## 디지털 리터러시 약자에 대한 보충 교육

지금까지의 전통적 대면 수업 방식에 익숙한 기성세대들도 온라인 환경에서의 수업에 적응하기 위해서는 디지털 리터러시 교육이 필요하다. 하지만 끊임없이 자발적으로 새로운 수업 기술을 익혀 전문성을 갖춘 교사가 있는가 하면 디지털 기기에 대한 취약함을 드러내며 많은 불안과 어려움을 호소하는 교사도 있다.

필자가 있는 학교에서는 줌을 통한 실시간 쌍방향 수업을 시행하기에 앞서 사용 방법에 대한 몇 차례 교사 연수를 실시했다. 추가적인 원격 수업 노하우도 함께 공유했다. 그리고 실제로 온라인 교실에 접속하여 몇 번 수업을 하다 보니 쉽게 여러 가지 기능을 익힐 수 있었다.

수업에 필요한 콘텐츠를 위해서 모든 교사가 IT 전문가가 될 필요는 없다. 교육연구회나 지역 교육청에서 개발되고 있는 교육 콘텐츠 중 자신의 수업 의도와 방법에 맞는 적절한 자료를 활용하면 된다. 덧붙여서 콘텐츠 자체 제작을 위한 편집 기술이나 PPT 제작 방법은 각종 교사 연수에 그 방법이 잘 나와 있다. 에듀테크의 도입을 받아들이고 함께하고자 하는 마음만 있다면 쉽게 배우고 적응할 수 있을 것이다.

스마트 기기 사용에 취약한 학생들에 대한 디지털 리터러시 교육 역시 필요하다. 원격 수업 시 대면 수업만으로 수업을 진행할 때보다 스마트 기기를 더 빨리, 더 많이 접하게 되는 것은 당연하다. 대부분의 아이들은 자연스럽게 디지털 역량을 갖추게 된다. 학생들이 인터넷상의 수많은 디지털 자료를 검색하고 선별하여 학습에 활용할 수 있도록 지도해야 한다. 아이들은 이 과정을 통해 자연스럽게 문제 해결 능

력과 정보 통신 능력을 갖추게 된다.[02]

아이들이 자발성을 가지고 주체적으로 참여하는 ICT 교육이 가능하다는 장점이 있는 반면 쉽게 자극적이고 극단적인 콘텐츠에 노출된다는 문제점도 있다. 디지털 리터러시 교육과 함께 학생들의 윤리적인 부분을 고려하는 정보 통신 윤리 교육과 디지털 인권 침해 방지 교육까지 함께 이루어져야 한다.

## 새로운 변화를 받아들이는 자세, 능동적 유연성

사회는 빠르게 변화한다. 교육은 아이들이 변화를 받아들이고 변화된 환경에 적응하며 스스로 살아갈 수 있는 능력을 길러주는 데 그 목적이 있다. 그런데 막상 시대의 변화에 맞게 교육 시스템을 바꾸는 과정에서는 많은 갈등과 어려움이 생긴다. 교사뿐 아니라 학생, 학부모 대부분이 시도도 하지 않고 원격 수업이 무슨 도움이 되겠냐며 이를 받아들이기를 꺼렸다. 그저 새로운 것에 대한 막연한 두려움일 수도 있고 시스템이 구축되지 않은 상황에서 충분한 준비도 없이 수업을 진행해야 하는 상황에 대한 거부감일 수도 있다.

등교 개학이 계속 미뤄지면서 원격 수업에 대한 논의가 등장한 지 벌써 6개월이 넘었다. 그 사이에 자발적이고 능동적인 노력으로 원격

02 고민서, 원격 수업 성공하려면 교사 훈련이 가장 중요, 매일경제, 2020년 4월 24일

수업에 대한 준비를 마친 교사가 있는가 하면 여전히 두려움과 걱정을 앞세워 새로운 시스템의 도입을 거부하는 이도 있다. 코로나 백신이 개발되지 않은 지금 상황에서 원격 수업과 등교 수업의 병행은 불가피하다. 성장과 발전을 위해 노력하고 새로운 것을 적극적으로 받아들이는 교사가 많을수록 교육도 학생도 성장할 수 있다.

"교육의 참된 목적은 각자가 평생 자기 자신의 교육을 계속할 수 있게 하는 데 있다"고 존 듀이는 말했다. 교사는 아이들에게 이러한 모습을 먼저 보여주어야 한다. 교사가 열정을 가지고 끊임없이 자기 발전을 위해 노력한다면 블렌디드 러닝은 미래 교육으로 성공할 수 있을 것이다.

Blended Learning

# PART 2

# 블렌디드 러닝의 여러 모델

# 캠퍼스의 개념을 다시 세운 미네르바 스쿨[01]

캠퍼스가 없는 대학, 4년간 7개 도시에서 진행되는 수업, 입학 경쟁률이 100 대 1이 넘는 대학, 하버드대학을 포기하고 입학하는 학교. 바로 미네르바 스쿨(Minerva School)이다.

미네르바 스쿨은 최근 비대면 사회에서 조명받고 있는 블렌디드 교육을 성공적으로 운영하여 주목을 받고 있다. 미국의 〈뉴욕타임스〉(2020년 8월 1일), 영국의 〈가디언〉(2020년 7월 30일) 등이 코로나로 인한 비대면 사회에서 대학들이 나가야 할 방향을 소개하면서 미네르바 스쿨을 예로 들었다. 우리나라 대학들도 미네르바 스쿨의 블렌디드 교육을 벤치마킹하려는 움직임이 일고 있다.

미네르바 스쿨의 사례에서 보듯 블렌디드 교육은 비단 코로나19로

---

01 미네르바 스쿨 공식 홈페이지 참조(https://www.minerva.kgi.edu/)

인한 비대면 사회를 넘어서 우리 교육이 앞으로 나가야 할 방향에 대해 제시하고 있다.

## 혁신의 시작과 실용적인 교육과정

미국의 벤처 투자자인 벤 넬슨이 창립한 고등 교육 기관인 미네르바 스쿨은 그 시작부터 남달랐다. 마치 스타트업 기업처럼 투자를 받아 시작한 것이다. 2012년 당시 '미네르바 프로젝트'에 1억 2000만 달러(약 1400억 원)의 투자금이 모였고, 성공적인 투자에 힘입어 2014년에 개교했다. 미네르바 스쿨은 기존의 학교 체계를 완전히 바꾸어놓은 혁신이었다. 미네르바 스쿨을 한마디로 정의하면 온라인과 오프라인을 적절히 뒤섞은 '온라인 플랫폼을 활용한 오프라인 대학'이라고 할 수 있다. 미국 샌프란시스코에 본부가 있지만, 실제 학생들이 등교하는 물리적인 학교는 없다. 학생들은 입학 후 4년간 7개 도시를 여행하며 다양한 체험을 하고 모든 강의는 온라인으로 진행된다. 코로나19 비대면 사회에서 온라인 비대면 수업은 일상이 되어버렸다. 미네르바 스쿨은 미래 사회를 예측이라도 하듯 몇 년 앞서 온·오프라인 수업의 혼합인 블렌디드 수업을 운영하여 안착시켰고 2019년 5월 첫 번째 졸업생을 배출했다.

미네르바 스쿨의 교육과정은 교과 중심이 아닌 역량 중심이다. 단순히 지식을 전달하는 것이 아닌 학생들이 배운 것을 실제로 사용할 수 있는 역량을 기르는 것을 목표로 한다. 전체적인 교육과정은 다른 대학에 비해 비교적 단순한 편이다. 입학하면 처음 1년 동안 학생들은 '기초 개념 – 파운데이션(Foundation)'이라 불리는 4가지 프로그램을 수강해야 한다. 파운데이션 과정은 '사고의 습관과 기초 개념(HCs, Habits of Mind and Foundational Concepts)'을 습득하는 데 초점을 둔다. 여기서 말하는 HCs는 학생들이 습득해야 하는 역량을 말한다. HCs의 예로는 연역적 추론, 디자인 씽킹, 협상, 비언어적 커뮤니케이션 등이 있다. 파운데이션 과정에서 배운 것을 바탕으로 '방향 설정 – 디렉션(Direction)'이라고 불리는 2년 차에 전공을 선택하게 된다. 현재 4년제 학부 과정에는 예술과 인류(Arts&Humanities), 컴퓨터 사이언스(Computational Sciences), 자연과학(Natural Sciences), 사회과학(Social Sciences), 경영(Business) 등 5개 프로그램이 있으며, 모두 WASC 지역 인증(미국 학력 인증 기관)을 받았다. 이후 3년 차(집중 – Focus), 4년차(종합 – Synthesis)을 거치면서 본인이 앞으로 나가야 할 방향을 정하게 된다.

## 온라인으로 배우고 지역사회에 적용한다

미네르바 스쿨은 캠퍼스나 강의실이 따로 없으므로 온라인(사이버) 대학이라고 말할 수 있다. 하지만 그렇다고 해서 기존의 온라인 대학과 같지는 않다. 학생들은 기숙사에서 함께 생활하고, 배운 것을 실생활에서 활용하고 적용하는 등 현장 학습을 한다. 이를테면 온라인 플랫폼에 오프라인 대학의 특성을 결합한 블렌디드 대학인 셈이다. 미네르바 스쿨의 학교 시설이라곤 전 세계 일곱 군데에 있는 기숙사가 전부다. 스포츠팀도 없고, 체육관도 없으며, 도서관이나 학생 식당, 심지어 강의실도 없다. 학생들은 처음 1년은 샌프란시스코에서 보내고, 다음 3년 동안은 서울, 하이데라바드, 베를린, 부에노스아이레스, 런던, 타이베이 등 여섯 도시를 옮겨 다니면서 생활한다. 각각의 도시에는 모두 미네르바 스쿨이 운영하는 기숙사가 있다. 학생들이 거주하는 도시가 커다란 캠퍼스 역할을 한다. 학생들은 지역의 도서관, 식당 등을 이용하면서 도시 주민으로 살아가는 동시에 실제적인 경험을 하게 된다. 오프라인 기숙사에서 함께 생활하는 학생들은 동아리 활동 등을 통해 유대감을 형성하며, 현장에서 만나 다양한 프로젝트를 수행하기도 한다. 이를 위해 각 도시에는 학생들을 돕는 담당자가 배치돼 있다. 담당자는 관련 기업 및 행정기관과의 연계 프로그램을 만들고, 학생들이 프로젝트를 수행할 수 있도록 지원한다.

미네르바 스쿨의 학생들은 모든 수업을 컴퓨터 앞에서 듣는다. 강의는 자체 개발 플랫폼인 '포럼'을 통해 진행되며, 20명 이하의 학생들이 그룹을 지어 참여한다. 어느 도시에 있든 마찬가지다. 모든 수업은 온라인 세미나 형식으로 진행되기 때문에 교수와 학생이 직접 만날 일은 없다. 교수와 학생들은 실시간 토론을 비롯해 자료 조사, 퀴즈 등을 통해 의견을 교환한다. 수업은 간단한 퀴즈로 시작해서 수업 후반부에 두 번째 퀴즈를 던지는 방식으로 마무리를 한다. '포럼'에는 수업 중 발언을 많이 한 학생과 적게 한 학생을 자동으로 구분해주는 기능도 있다. 토론에 참여하는 빈도에 따라 해당 학생의 아이콘 색깔이 바뀌는 방식이다. 교수는 학생이 발언하도록 추가 질문을 던지거나 적극적인 참여를 하도록 유도한다. 교수와 학생들이 서로를 지켜보고 있기 때문에 수업 시간에 한눈을 팔지는 못한다. 모든 시험과 과제는 오픈 북 형태로 이뤄지기 때문에 굳이 암기해서 시험을 볼 필요는 없다. 또한 강의는 성적을 채점하기 위해 자동으로 녹화되며, 이를 통해 교수는 학생들에게 적절한 피드백을 제공해준다. 미네르바는 강의-평가-피드백으로 이뤄지는 모든 과정을 효과적인 플랫폼을 구축함으로써 성공적으로 실행하고 있다. 학생들은 어느 곳에 있든 실시간으로 강의에 참석한다. 물리적인 제약을 완전히 극복한 것이다.

단순히 온라인 강의를 운영하는 것에 그친다면 기존의 온라인 대학들과 별반 차이가 없을 것이다. 미네르바 스쿨에서는 강의를 통해 배운 것을 현장에 바로 적용한다. 여기서 현장이란 대학 캠퍼스를 말하는 것이 아니라 지역사회다. 학생들이 생활하는 지역사회가 바로 캠퍼스가 되고 학생들은 그들이 배운 것을 바로 실생활에 적용해본다. 시공간의 제한을 뛰어넘는 것이 온라인 수업의 최대 장점으로 꼽힌다. 하지만 미네르바 스쿨은 온라인뿐만 아닌 오프라인 캠퍼스의 제한도 극복했다. 캠퍼스가 건물이라는 물리적인 공간을 깨고 나오면서 학생들이 거주하고 있는 공간으로 확대되었다. 물리적인 캠퍼스가 없다는 것은 역설적으로 캠퍼스가 무한대로 확대되는 효과를 가져왔다. 학생들은 제한된 캠퍼스만이 아닌 다양한 공간에서 실제적인 경험을 할 수 있다. 미네르바 스쿨은 학생들이 기업이나 기관, 지역사회와의 교류를 통해 실제 사회를 경험하기를 원한다. 이를 위해 학생들에게 전 세계에서 다양한 인턴십 기회를 제공한다. 학생들은 아마존, 애플, 후

지쓰, 구글, 트위터, 국제앰네스티, 카카오, SK엔카닷컴 등 유명 기업이나 연구기관, NGO 등에서 인턴으로 일할 기회를 얻는다. 다양한 산학 협력을 통해 학교에서 배운 지식을 직접 사회에 적용할 수 있도록 적극적으로 연결하는 것이다.

실사구시(實事求是)가 새롭게 떠오르고 있다. 우리는 지금 다양한 지식이 넘쳐나는 시대에 살고 있다. 많은 지식을 알고 있는 사람이 과거의 인재라면 지금의 인재는 본인에게 필요한 지식을 찾아서 배우고, 더 나아가 배운 지식을 바로 응용할 수 있어야 한다. 미네르바 스쿨의 교육 방식은 이러한 실용적인 교육 방식에 최적화되었다. 그간 정보 통신 기술의 발달로 온라인 대학들이 우후죽순으로 생겨났다. 온라인 대학들은 양질의 콘텐츠를 공간의 제한 없이 공급하는 것에 주로 초점을 맞춰왔다. 배운 것을 실생활에 적용하는 것은 오로지 학생들의 몫이었다. 빠르게 변하는 현대사회에서 배운 지식을 성공적으로 실생활에 적용하는 학생들은 성공하고 그러지 못하면 도태될 수밖에 없다. 미네르바 스쿨은 이러한 온라인 대학의 한계를 깨고 오프라인 경험을 극대화하고 있다. 성공적인 블렌디드 러닝을 위해서는 온라인과 오프라인의 균형적인 조화가 필요하다. 코로나로 촉발된 온라인 교육은 앞으로 교육의 모습을 바꿀 것이다. 블렌디드 교육을 위해 모두 온라인 교육에 초점을 맞출 때, 한발 앞서 새로운 오프라인 교육에 대한 정의가 필요한 시점이다.

# 스마트 교육과 블렌디드 러닝

## 모두에게 열린 아이비리그

"어느 대학 출신인가?"

지금까지는 어느 대학 혹은 어떤 전문기관에서 배웠느냐가 그 사람의 지식과 능력을 대변해왔다. 하지만 학위를 발급해준 기관의 명성과 권위로서 학습자의 역량을 평가했던 방식은 힘을 잃고 있다. 방대한 지식이 빠르게 새로 만들어지고, 현실의 문제를 해결하기 위해서는 한 분야가 아닌 융합된 지식과 능력이 요구되기 때문이다. 때문에 요즘 시대에 학위만으로는 더 이상 개인의 역량을 짐작하기 어려워졌다.

무크(MOOC, Massive Open Online Course)는 누구든 상관없이 접근이 가능한 웹 기반 공개 강좌로, 지식과 정보에 대한 접근을 개방하자는 운동의 일환으로 시작되었다. 뉴욕타임스는 2012년 '올해의 온라인 공개 수업(The Year of the MOOC)'이라는 제목을 통해 MOOC를 교육계의 가장 혁명적 사건으로 꼽았으며, "무크가 대중들을 위한 아이비리그를 열었다"고 평가했다.

실제로 2011년부터 미국의 MIT를 중심으로 확산되던 '대규모 원격 학습 공개 수업'인 무크는 학습에 대한 패러다임의 변화를 가져왔다. 애초 대학생들이 시간에 구애받지 않고 수업을 들을 수 있도록 하기 위해 만들었지만 대학생을 넘어서 일반인의 평생 교육을 위해 교양·취업 과목으로 대폭 확대됐다. 운영 주체 또한 현재 에드엑스(edX), 칸아카데미(Khan Academy), 유다시티(Udacity), 코세라(Coursera), 퓨처런(FutureLearn) 등 여러 곳에서 무크를 운영하고 있다. 이에 발맞추어 우리나라 또한 교육부와 국가평생교육진흥원이 K-MOOC(www.kmooc.kr)를 운영하고 있다.

## MOOC의 한계

사실 우리나라에서는 기존의 EBS, 인터넷 강좌 등을 통해 언제 어디서나 공부할 수 있는 온라인 강좌가 이미 일상이 된 지 오래이다. 정보가 넘쳐나고 지식이 빠르게 변화하는 오늘날 장소와 시간에 구속되지 않는 온라인 교육은 지속적인 교육을 위한 최적의 방법으로 여겨지고 있다. 반면 학습자 간의 상호 작용이 활발히 이루어지기가 쉽지 않을 뿐더러 즉각적인 피드백을 공유하는 것도 어렵다는 한계 역시 분명히 존재한다. 무크의 학습자 중 90퍼센트 정도가 중도 탈락했으며 낮은 만족도를 보였다는 것은 일방적인 학습 방식의 온라인 수업의 한계를 드러낸 것이다. 또한 무크 등 온라인 학습은 실험이나 실습 견학 등 다양한 학습 활동에 제약이 많다.

반면 근래의 무크, 즉 '대규모 원격 학습 공개 수업'에서는 학습 공동체를 조직하는 것을 권장하고 있다. 일방적으로 지식을 받아들이는 것이 아니라 같은 관심사를 가진 학습자들이 스스로 학습 공동체를 만들어 사회적으로 교류하고 협업 활동을 통해 공부하도록 유도하는 것이다. 앞으로 우리가 해결해야 할 대부분의 문제들은 기존에 없던 새롭고 정의되지 않는 것들이다. 때문에 여러 분야 전문가들의 다양한 관점과 지식을 통합하고 협업하여 문제를 해결해야 한다. 이것이 바로 함께 답을 모색하여 해결할 수 있는 인재를 키워내기 위해 협업 학습 경험이 필요한 이유이다.

무크의 주제와 수업을 준비할 때 블렌디드 러닝 방법을 적용할 필요가 있다. 먼저 협업이 가능한 주제나 문제를 제시하고, 무크 등의 원격 수업으로 사전에 이론적인 내용을 학습한다. 그 후 대면 수업에서 실천적으로 훈련, 토론, 실습하며 통합적인 배움을 유도하는 것이 무엇보다 중요하다.

## 전문 컨설턴트로서의 교사

무크는 개인의 관심과 흥미에 따라 다양한 내용을 공부할 수 있는 기회가 되기도 하지만, 오히려 학습자가 많은 선택지 속에서 길을 잃을 수도 있다는 단점도 있다. 때문에 교사는 전문 컨설턴트로서 가장 기본적으로 배워야 하는 내용에 대해 안내하고 지도해야 한다. 현재 EBS에서 교사가 온라인 교실을 개설하면 기존의 동영상 중에서 필요한 강의를 선택, 재구성하여 자신의 온라인 교실에 업로드할 수 있다. 또한 학생들의 진도와 배움 정도를 관리하며 이끌어갈 수도 있다. 이렇게 교사는 학습자에게 주제나 학습 수준 및 학습자의 특성에 따라 교육과정을 심화 및 선택하도록 재구성한다. 또한 학습 패턴과 학습 결과를 분석하여 조언을 해줄 수도 있다.

무크는 EBS 소규모 온라인 수업과 비교했을 때 지역, 나이, 경제력, 자격 등과 무관하게 학습자의 자격을 크게 넓혀 다양한 학습자 간 협업의 기회를 제공한다. 가령 외국에 거주하는 학생들도 참여하여 함께 문제 해결을 할 수 있는 것이다. 또한 교사는 학습자의 관심 과목에 대한 클릭 횟수, 강의 청취 시간, 과제 수행과 결과 등 저장된 빅데이터 정보를 활용하여 미래의 학업이나 진로에 대한 배움을 관리해줄 수 있다.

## 배움의 관리 '디지털 배지'

온라인 교육 기관인 칸(Khan) 아카데미에서는 온라인 학습 실적에 따라서 다양한 배지를 수여한다. 마치 보이스카우트의 배지처럼 학습을 완수할 때마다 배지를 획득하고, 이는 학습자의 게시판에 게시된다. 이러한 과정은 학습 의욕을 더할 뿐 아니라 획득한 배지들이 자신의 게시판에 게시되므로 자신의 역량과 프로필을 표현하는 수단이 된다. 학습자의 학습 경험과 내용, 평가까지 기술함으로써 대학 입학, 직업의 이직에서도 사용할 수 있다.

## 자기 주도적인 수업의 개인화

어떻게 하면 나의 관심과 필요에 따라 나만의 수업을 만들어갈 수 있을까? 학생들은 다양한 무크 강좌에서 자신이 원하는 강좌를 찾을 수 있다. 예를 들어 커넥트 재단에서 제공하는 '에드위드(www.edwith.org)', 과학기술특성화 대학의 강의를 모아놓은 '스타-무크(www.star-mooc.kr)', 한국교육학술정보원의 'KOCW(www.kocw.net)' 등이 대표적이다. 또한 '칸 아카데미(ko.khanacademy.org)', 잘 알려져 있는 짧은 강연 위주의 테드(TED), '세상을 바꾸는 시간, 15분(세바시, sebasi.co.kr)' 등에서도 학생들은 자신의 관심사를 찾아 스스로 공부하는 경험을 시작할 수 있다.

## 함께 성장하는 블렌디드 러닝

알베르트 아인슈타인은 '나는 내 학생을 가르치지 않는다. 학생들이 학습할 수 있는 환경을 제공할 뿐이다'라는 말을 했다. 이제 교사에게는 학생에게 재미와 호기심, 도전적 환경을 제공하고 능동적인 참여를 돕는 컨설턴트 역할이 중요해졌다. 이를 위해서는 학습의 전 과정에서 학습자의 학습 성취도뿐만 아니라 학생의 태도와 정서에 공감하고 배려하는 마음을 가질 수 있어야 할 것이다. 지금 우리는 스마트 기술을 사용하여 학생의 수준을 고려하고 학습을 보조할 수 있게 되었다. 하지만 제일 중요한 것은 교사와 학생의 공감·배려·유대의 믿음 속에 학생이 성장하는 맞춤형 학습이 될 수 있도록 교육 공동체가 함께 노력하는 것이다.

# 국가별 블렌디드 러닝 사례

코로나19로 인해 등교 수업을 할 수 없게 되자, 원격 수업을 해야 하는 우리나라 발등에도 불이 떨어졌다. 내심 대한민국은 IT 강국임을 자랑스러워하고 있었기에 원격 수업도 잘 이루어질 수 있을 것이라는 막연하지만 긍정적인 기대감도 있었다. 그러나 실제 원격 수업을 진행하고 보니 원격 수업에서 '수업'이라는 부분은 원격 교육과정(online curriculum)과 수업 내용(learning contents)이 적합하게 준비되어 있어야 한다는 사실을 깨달았다. 또한 이를 담을 교육 시스템도 바탕이 되어야 했다. 물론 IT 강국이기에 급박하게 준비된 온라인상의 학습 내용을 인터넷으로 학생들에게 전달할 수 있는 산업 기반이 있는 것은 다행스러운 일이다. 기반이 마련되어 있다면 이제 그 안을 채울 차례다. 세계 여러 나라에서는 어떻게 블렌디드 러닝을 준비해왔고 진행하고 있는지 살펴보자.

## 미국의 칸 랩 스쿨

미국의 칸 랩 스쿨(Khan Lab school)[01]은 칸 아카데미를 창안한 살 칸이 설립한 사립학교로 칸 아카데미 플랫폼을 활용한다. 개인 맞춤형 학습 및 프로젝트 기반의 학습을 하는데, 이 학교의 학생들은 어드바이저(adviser)의 도움을 받으며 스스로 자신의 학습 목표와 학습 일정을 계획하는 방법을 배운다. 학생들은 각자가 계획한 학습 속도에 맞춰 학습을 하고 원격 수업과 등교 수업을 함께 받는 블렌디드 러닝이 이루어지고 있다.

이렇게 개인 맞춤형 학습과 더불어 다양한 연령대의 학생들이 함께 참여하는 프로젝트 기반 학습은 칸 랩 스쿨이 무학년제로 운영되기에 가능하다. 학생들은 하루 중 학습 시간 절반 정도의 시간에 수학, 읽기, 작문, 컴퓨터, 과학 과목을 공부한다. 물론 학생이 스스로 원하는 속도

01 대통령 직속 4차 산업혁명위원회, 4차 산업혁명시대에 적합한 미래 교육 프레임워크와 미래 학교 연구, 53쪽, 2018년

로 학습한다. 나머지 절반의 시간에는 과학 및 사회 과목의 체험형 프로젝트에 참여하는데 이때 팀을 이루어 진행한다. 이 학교의 특징으로는 학생들이 학업과 더불어 신체 활동, 정원 가꾸기, 명상(Inner Wellness) 등의 활동에도 참여한다는 점이다. 인지적 학습뿐만 아니라 정서적 함양도 고려하는 교육과정임을 알 수 있다.

우리는 미국의 칸 랩 스쿨에서 개별 학생에게 스스로 학습 목표를 세우고 학습 일정을 계획하고 선택할 수 있게 한다는 점을 눈여겨봐야 한다. '주도성'에 초점을 맞춘 칸 랩 스쿨의 개인 맞춤형 학습은 미래 교육을 준비하는 우리에게 시사하는 바가 크다.

## 미국의 시카고 버추얼 차터 스쿨

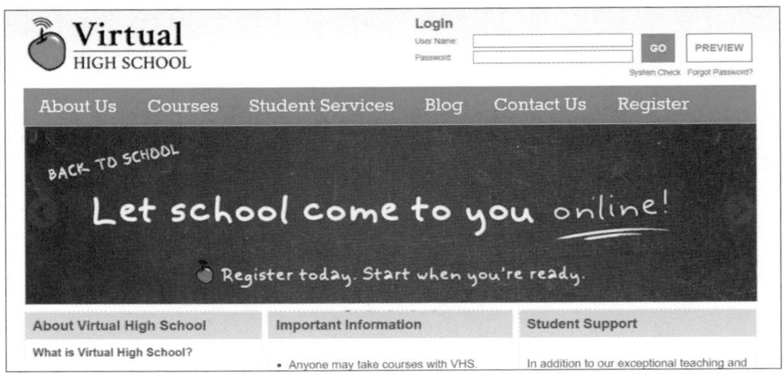


미국 일리노이주 시카고에 위치한 '시카고 버추얼 차터 스쿨(CVCS,

Chicago Virtual Charter School)'[02]도 블렌디드 러닝 모델로 운영되고 있다. 이 학교는 정부의 지원을 받는다. CVCS의 수업은 대부분 원격 수업으로 이루어지며, 등교 수업은 매주 약 2시간 15분 동안 운영된다.

등교 수업은 러닝 센터(Learning Center)라고 불리는 실제 학교 캠퍼스에서의 교육 활동으로 이루어지는데, 이때 다른 학생들도 만나고 교사의 지도를 받기도 한다. 등교 수업에는 학교에서 주최하는 야외 행사, 현장 체험학습 등과 같은 교육 활동 이벤트가 포함되어 있다. 학생은 매주 5일, 하루 5시간 동안 참여하는 것으로 출석을 인정받는데 학교의 온라인 시스템이 분 단위로 학생의 출석을 기록한다. 교사는 학생의 활동을 지속적으로 모니터링하여 학생이 중간에 그만두지 않고 학습할 수 있도록 지도하는 데 초점을 둔다. 또한 교사는 학생의 능력을 파악하여 그 능력에 맞는 수업이 이루어지도록 돕는다. CVCS는 일반 학교처럼 엄격한 학기제로 운영되고 있을 뿐 아니라 학생은 정기적인 시험을 봐야 한다.

여기서 우리가 주목해야 할 점은 바로 학생이 지속적으로 학습할 수 있도록 격려하고 학생의 능력에 따른 학습을 끝까지 돕는 교사의 역할, 즉 학생의 무한한 지원자로서의 역할이다.

---

02 계보경, 주요국의 혁신적인 온라인 학교 운영 사례와 시사점 : 초·중등 교육을 중심으로, 2019 세계교육정책 인포메이션 5호, 한국교육개발원, 7~9쪽

## 캐나다의 토론토 이스쿨

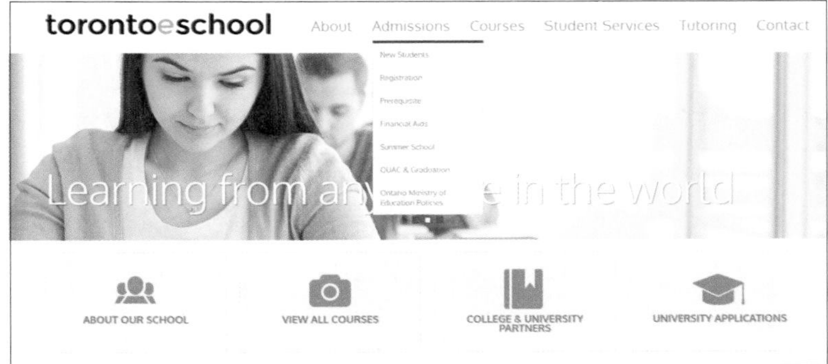


캐나다의 토론토 이스쿨(Toronto eSchool)[03]은 2013년에 토론토 온타리오주에 설립된 사립 교육 기관이다. 중등학교 과정인 이 학교는 지역 학생 및 국제 학생에게 원격 수업을 제공하며, 학생들은 집에서 수업에 참여하거나 토론토 캠퍼스에서 수업에 참여할 수 있다. 이 학교의 특징으로는 외국에 있는 학생이 자신의 나라에서 원격 수업으로 온타리오 중등학교 학위 학점을 파트 타임으로 우선 취득하고, 이후 토론토 캠퍼스에서 전일제 수업을 통해 온타리오 중등학교 학위를 취득할 수 있다는 점이다. 캐나다의 온타리오 주 학제는 대한민국의 학제(초등학교 6년-중학교 3년-고등학교 3년)와 달리 초등학교 교육과정 8년, 중등 교육과정 4년으로 되어 있다.

학습을 희망하는 학생이 1년 중 어느 때라도 하나 이상의 코스에

03 앞의 책, 12~15쪽

등록할 수 있으며, 장소에 구애받지 않고 학생 스스로 원하는 속도로 학습할 수 있다. 교사는 학생이 제출한 숙제나 과제를 확인하고 정기적으로 매주 온라인 회의나 토론, 이메일 등을 통해 학생에게 피드백을 제공한다. 학생은 다른 학생들과 소통하고 협업하면서 공개 회의나 발표 등의 과정을 거치게 된다. 학교는 개별 학생의 학업 성취도 향상에도 큰 관심을 가지고 튜터링 센터를 운영하고 있다. 이 튜터링 센터를 통해 'Maximize Your Success' 프로그램을 진행하여 개별 학생들의 성취를 높인다.

토론토 이스쿨에서 인상 깊은 점은 학생이 원하는 속도로 학습할 수 있다는 점이다. 속도를 매우 중요한 학습 요소로 생각하는 우리 교육 현장에서 학습 속도를 늦출 수도 있고 학생에게 학습 속도를 맞추는 토론토 이스쿨의 방식은 시사하는 바가 크다.

## 일본의 메이세이 사이버 학습국

일본에는 재미있게도 아바타가 등교하는 학교가 있다. 바로 메이세이 사이버 학습국(明聖サイバー学習国)[04]이다. 이는 일본의 치바현에 위치한 일반 고등학교인 메이세이 고등학교에서 2015년에 개설한 가상 고등학교로, 가상의 캠퍼스에 실제 학생 대신 아바타가 등교하는 사이버 고등학교이다. 이 가상 학교를 졸업하면 고등학교 졸업 자격을 취

04 앞의 책, 20~21쪽

득할 수 있다.

메이세이 고등학교는 전통적인 학교 운영 방식인 등교 수업 형태를 유지하면서도 원격 수업을 가능하게 하는 메이세이 사이버 학습국을 창설했다. 학생은 애니메이션 스타일의 아바타를 통해 가상의 학교 캠퍼스를 누비며 수업에 참여한다. 메이세이 사이버 학습국은 현실 세계에 존재하는 학교처럼 가상의 공간에 학교 건물과 운동장을 갖추고 심지어 해변까지 있다. 학생은 가상의 공간에서 낚시, 채소 재배, 해변 놀이 등을 즐기고 친구와 교류하며, 다른 학생 및 교사와 긴밀한 관계를 형성할 수 있다. 그리고 학생은 수업에 참여하지 않을 때 자신의 아바타가 머물 수 있는 집을 만들어 그곳에서 숙제를 한다.

메이세이 사이버 학습국은 학생에게 매력적으로 다가가기 위하여 학생이 자신의 아바타를 꾸밀 수 있도록 한다. 200개 이상의 헤어스타일, 의상, 액세서리 등을 선택해 아바타를 꾸미고 자신의 모습을 매일 다르게 표현할 수 있다. 학교의 수업은 20분 길이의 온라인 영상 강의로 진행된다. 학생은 컴퓨터, 스마트폰, 태블릿 등 원하는 학습 도구로 수업에 참여한다.

가상 학교인 메이세이 사이버 학습국은 교사와 학생이 1년 동안 적어도 네 번 이상 실제로 만나 상담을 진행한다. 교사는 학생과 대면하여 학업과 개인적인 문제에 대한 지원도 제공한다. 뿐만 아니라 학생은 언제든 이메일, 팩스, 전화 등을 통해서도 교사와 소통할 수 있다.

일본의 메이세이 사이버 학습국 역시 우리에게 아바타를 꾸미고 표현할 수 있는 자유가 학생들에게 얼마나 큰 '주도성'과 재미를 부여하는지 보여준다. 언제든지 가능한 다양한 교사와의 소통 창구도 우리의 블렌디드 러닝에서 확인해봐야 하는 부분이다.

## 일본의 N고등학교

2016년 4월 개교한 N고등학교(N高等学校)[05]는 디지털 네이티브 세대를 위한 학교이다. N고등학교의 'N'은 'New', 'Next', 'Necessary', 'Neutral' 등 여러 의미를 포함하고 있다. 일본의 온라인 고등학교로 주요 캠퍼스는 오키나와에, 부속 캠퍼스는 도쿄와 오사카에 각각 위치한다. N고등학교는 법적으로는 통신 교육 학교로, 입학할 때 연령 제한이 없으며 고등학교 과정을 마치지 못한 사람이라면 누구나 등록하

05 앞의 책, 22~23쪽

여 수업을 받을 수 있다. 3년이라는 프로그램 기간을 바탕으로 이를 모두 마친 학생은 고등학교 졸업 자격을 취득한다. 대부분의 수업은 원격 수업인 온라인 영상과 교육 자료를 통해 이루어지는데, 일본 문부과학성의 규정에 따라 학생은 1년에 5일은 의무적으로 오키나와, 도쿄, 오사카에 있는 실제 학교 캠퍼스에 등교해야 한다.

일본 내 유명 강사가 영상 수업을 진행하고 학생은 자신이 원하는 시간에 디지털 교실에서 전용 스마트폰 앱과 PC를 통해 수업을 듣는다. 각각의 수업 후에는 과제를 하고 시험을 보게 되는데, 학생은 시험 결과 및 리포트를 사진을 찍어 교사에게 전송해야 한다. 학생은 일종의 댓글 박스를 통해 수업에 참여한다. 모든 학생에게는 1명의 담임교사가 배정되는데, 담임교사는 전화 및 이메일 등을 통해 학생에게 공부와 커리어에 대해 조언해준다.

일본의 N고등학교에서 교사는 지식 전달자라기보다는 학생의 학습을 돕는 코디네이터에 가깝다. 미래 사회에는 교사로부터 지식이 전달되는 것이 아니라, 학생 스스로 자료를 검색하는 것으로 지식을 습득하는 시대가 될 것이다. 그렇다면 교사의 역할도 우리의 블렌디드 러닝에 맞추어 완전히 변화될 필요가 있어 보인다.

## 더 이상 미룰 수 없다,<br>우리도 유비무환!

앞에 언급한 학교들에서 우리가 찾을 수 있는 시사점은 학생을 이끌어가는 대상으로 보지 않고 학생 스스로가 앞으로 나아갈 수 있게 해주는 것에 교육의 초점을 맞추는 것이다. 지금까지 이루어지던 대면 수업에서 '학습자 중심'이라 함은 대체로 학습자가 수업자인 교사보다 더 적극적으로 많은 활동을 하도록 하는 수업을 의미했다. 그런데 블렌디드 러닝에서는 진정한 의미의 '학습자 중심' 수업이 이루어질 수 있는 기반이 마련된다고 볼 수 있다. 학습자가 주어진 학습 목표에 다다르기 위해 학습 내용과 학습 속도를 스스로 정하고 자기 주도적으로 학습 성취를 이루어낼 수 있는 수업이 펼쳐지는 것이다. 이를 위해 학생의 자발적인 출석이 가능하도록 높은 동기를 부여하는 효율적인 학교 지원 시스템과 매니저 및 어드바이저 등의 자원을 마련하는 것이 바람직하다. 교사는 지식을 가르치고 생활 지도를 이끌어가는 지도자 입장에서 벗어나 학생의 요구와 능력을 세심하게 살펴주고 조력하는 매니저, 상담가, 조언자, 보조자, 지원자 등의 역할을 하는 것이 이상적인 모습이 될 것이다.

# 블렌디드 러닝 모델[01]

같은 날, 똑같은 교과목을 똑같은 방식과 속도로 가르친다. 이해가 안 되었다 해도 반 전체가 다음 내용으로 이동하면 함께 이동해야만 한다. 현재 우리 교육의 모습이다. 학생의 필요에 따라 학습을 조절할 수는 없을까? 각 학생의 수준에 맞춰서 수업을 진행할 수는 없을까? 급격한 변화의 시대에 좀 더 유연하고 창의적으로 운영할 수 있는 학습 방안은 없을까? 최근 효과적인 수업 방식의 하나로 원격 수업과 등교 수업을 병행해 운영하는 블렌디드 러닝이 주목을 받고 있다. 이제부터 블렌디드 러닝의 몇 가지 모델을 소개하고자 한다.

블렌디드 러닝 모형은 물리적 장소에서 이루어지는 학습과 온라인

---

01 1. Jone Watson 외, Blending Learning: The Evolution of Online and Face-to-Face Education from 2008-2015, iNACOL
2. https://www.blendedlearning.org/

학습을 겸하여 운영하는 학습 방법으로, 학교 수업을 중심으로 온라인 수업이 병행되는지, 온라인 학습이 주가 되어 학교 수업을 병행하는지에 따라 크게 순환 모델(Rotation Model), 플렉스 모델(Flex Model), 알 라 카르테 모델(A La Carte Model), 가상 학습 강화 모델(Enriched Vitual Model)로 나눌 수 있다. 그중 순환 모델에는 스테이션 순환 학습(Station Rotation), 랩 순환 학습(Rap Rotation), 거꾸로 교실(Flipped Classroom), 개별 순환 학습(Individual Rotation)의 4가지 형태가 있다.[02]

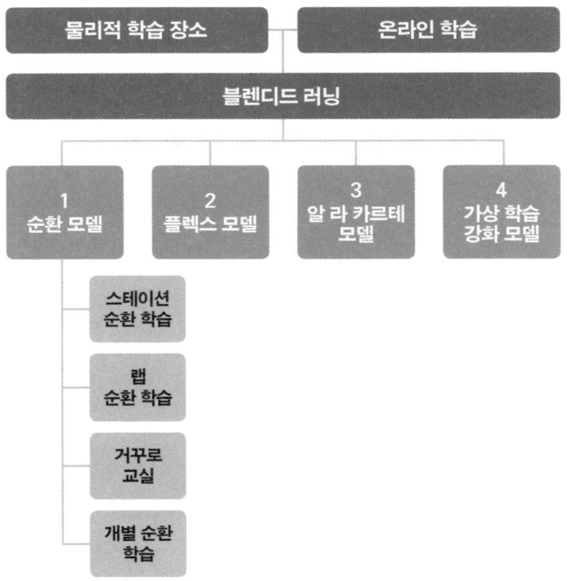


02 마이클 혼 · 헤더 스테이커, 블렌디드, 에듀니티, 2017년, 65쪽.

## 순환 모델

순환 모델은 학생들이 정해진 일정에 따라 온라인 학습을 포함한 여러 형태의 학습을 순환하는 학습 과정으로, 초등학교에서 가장 흔하게 볼 수 있는 모델이다. 다양한 학습을 센터 또는 스테이션으로 나누어 정해진 일과 시간에 따라 순환하거나 교사의 지시에 따라 순환하게 된다. 학습 형태는 모둠으로 나누어 교사가 지도하는 소그룹 학습, 컴퓨터를 활용하여 개별로 학습하는 온라인 학습, 전체 교수 학습, 개인별 지필 과제 수행, 모둠 학습(그룹 프로젝트) 등 다양하며, 학생들은 지정된 순서에 따라 다음 활동으로 함께 이동하며 수업이 진행된다.

### 스테이션 순환 학습

스테이션 순환 학습은 초등학교 수준에서 그간 센터 학습, 코너 학습과 유사한 형태로 운영되었던 학습 형태로, 작은 소그룹으로 나누어 순환하는 학습법이다. 학생들은 학급 내에서 또는 교실의 그룹 내에서 순환하며 학습하는데, 적어도 하나 이상 학생 주도의 온라인 학습 스테이션이 포함된 과정으로 순환한다는 특징이 있다. 학생들의 학습 속도와 경로를 교사가 어느 정도 통제할 수 있도록 하여 학생들이 통제된 스테이션을 순환하며, 자신만의 개별 맞춤식 스케줄에 따른 스테이션뿐 아니라 모든 스테이션을 순환하게 된다는 점에서 개별 순환 모델과는 구별된다. 소그룹별 지도, 그룹 내 개별 지도, 전체 학습 지도, 온라인 개별 학습, 그룹 프로젝트 등 다양한 형태로 수업에 참여한다는 점에서 전통적인 교실보다 높은 수준의 개인별 맞춤 교육을 할 수

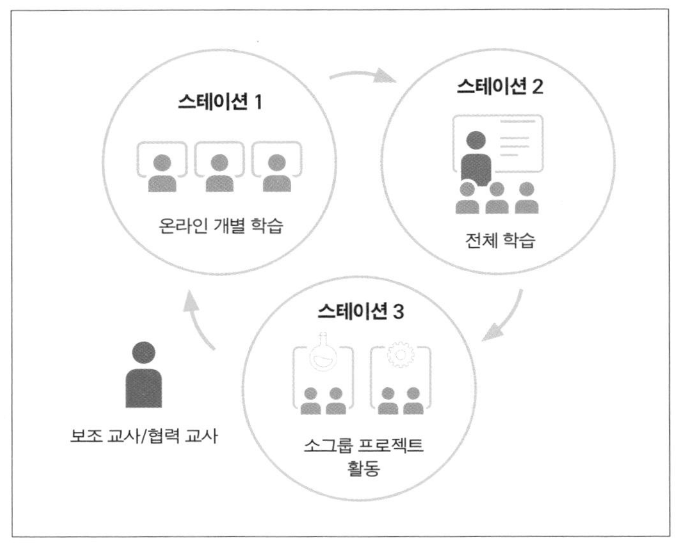


있다. 온라인 수업은 개인별 맞춤 진도나 내용, 보충, 또는 심화 학습이 가능하여 학습자들의 개인별 요구를 보다 더 충족시킬 수 있고, 학습자에게 수업의 소유권과 통제권을 더 많이 부여할 수도 있다. 또한 이 모델은 학교나 학급 상황에 따라 일부 학생들만 특정 요일, 특정 요건에 기초하여 순환하게 한다거나 레벨별로 순환하는 등 유연성 있게 혼합 옵션을 추가할 수 있다. 학생의 학습 경험 요소들을 맞춤화한 스테이션으로 구성하여 차별화된 프로그램으로 다양하게 운영할 수 있는 학습법이라 할 수 있다.

스콜라스틱의 'READ 180 프로그램' 운영 사례를 보면, 수업의 시작과 끝은 교사가 모든 학생을 대상으로 전체 토론을 이끈다. 하지만 수업 중간 부분에는 학생들을 그룹으로 나누어 소그룹 직접 교수, 소프트웨어를 이용한 개인 학습, READ 180 문고판 책이나 오디오북을 이용한 개별 독서의 3개의 스테이션으로 편성해 순환하도록 운영하고 있다.

### 랩 순환 학습

랩 순환 학습은 스테이션 순환 학습처럼 고정된 일정에 따라 온라인 학습을 포함한 스테이션을 순환하지만, 온라인 학습은 전용 컴퓨터실에서 이루어진다. 즉, 학생들이 수업 중 일정 시간을 컴퓨터실에 가서 데스크톱, 3D 프린터, VR 헤드셋 등 다양한 스마트 기기를 활용하여 온라인 프로그램을 통해 개별적으로 학습한다. 온라인 학습을 지원하는 컴퓨터실의 강사나 조교는 학생의 데이터를 검토하여 개별 학생의 학습이 좀 더 용이하도록 지원하고, 학생에게 개인 학습 진도 등 보고서를 제공하여 학습력을 키울 수 있도록 돕는다. 학생들이 컴퓨터실에서 개별화된 온라인 학습에 참여하여 스스로에게 필요한 기본 개념 등을 학습함으로써 담당 교사 또는 담임교사는 교실에서 학생 스스로 학습한 개념들을 보다 확장시키고, 비판적 사고를 다루는 활동에 주력할 수 있다. 이처럼 랩 순환 학습은 컴퓨터실에서 수업의 일정 부분을 온라인을 통해 학습함으로써 교사 인력을 탄력적으로 조정할 수 있으며, 학습자가 온라인 학습을 통해 스스로 학습할 내용을 주도적으로 조절할 수 있도록 한다는 특징이 있다.

뭄바이에 있는 '가루 나낙 공립학교(Garu Nanak National High

School)'[03]는 랩 순환 학습을 도입하여 학급의 반은 컴퓨터실에서 '자야(Zaya)'라는 자기 주도 적응형 학습 프로그램을 활용한 온라인 학습을, 나머지 반은 교사로부터 개별화된 학습 지원을 받는다. 선임 교사는 교실에서 학생들을 가르치고, 조교는 컴퓨터실에서 데이터에 근거하여 학생들의 온라인 학습을 지원하며, 두 그룹의 학생들은 이 두 스테이션을 순환하며 학습을 진행한다.

로켓십 공립학교(Rocketship Public School) 사례를 살펴보자. 학생들은 대부분의 시간을 교실에서 보낸다. 하루의 약 절반은 인문학 블록에서 보내고, 하루의 1/4은 각 과목을 전문으로 가르치는 별도의 교사와 함께 수학 블록에서 보낸다. 이때 학생들은 전체 수업 또는 아이패드 및 크롬 북에서 지원하는 소그룹 활동을 하며 담임교사로부터 지도를 받는다. 나머지 1/4의 시간은 로켓십 러닝 랩(Rocketship's Learning Lab)으로 순환한다.

### 거꾸로 교실

거꾸로 교실은 기존 교실이 가진 기능을 거꾸로 뒤집었다는 의미로, 학생들이 수업 전에 미리 온라인 수업 또는 강의를 듣는다는 특징이 있다. 집 또는 학교 과제 시간을 통해 온라인 학습을 먼저 수행하고, 그다음에 학교에서 대면 수업으로 교사가 이끄는 실습이나 프로젝트를 수행한다. 온라인을 활용한 콘텐츠나 수업을 시청하여 미리 학습

---

03 이하 학습 모델 실례는 블렌디드 러닝 유니버스(Blended Learning Universe) 홈페이지 참조 (https://www.blendedlearning.org)

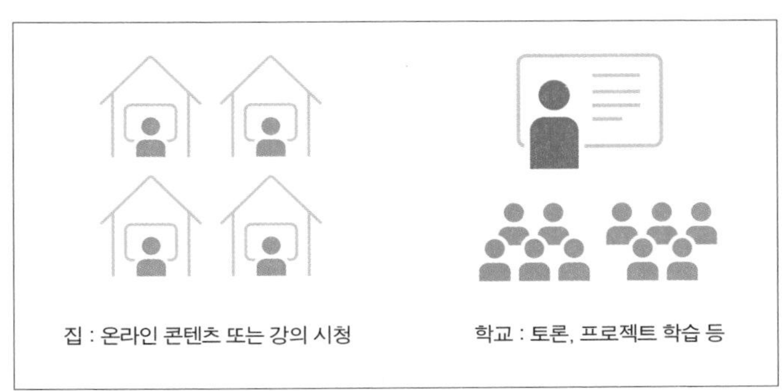


한다는 점에서 집에서 온라인을 활용하는 숙제와는 구별된다. 기본 강의를 온라인 형식으로 받음으로써 학생들은 자신의 학습 속도에 따라 되돌려 보거나 앞의 강의를 넘겨볼 수 있으며, 언제, 무엇을 시청할 것인지 결정할 수 있다. 거꾸로 교실 수업은 온라인으로 강의를 미리 들음으로써 수업 시간을 기본 학습 내용을 전달받는 수동적인 시간으로 사용하지 않고, 문제를 직접 풀어보거나 주제에 대해 토론하고 프로젝트를 수행하는 등 학생들의 능동적인 배움을 촉진시킬 수 있는 수업으로 운영할 수 있다.

### 개별 순환 학습

개별 순환 학습은 같은 일과 시간 아래 개인별로 직접 교수, 그룹 프로젝트, 세미나 등 여러 학습 형태들을 순환하는 학습 과정을 말한다. 학생들의 하루 스케줄은 교사 또는 소프트웨어 알고리즘 프로그램을 통해 정해지며, 모든 스테이션을 순환하는 것이 아니라 개별적으로 짜여진 스케줄에 의해 해당 스테이션만 순환한다는 점에서 다른 순환 학습 모델과 차이가 있다. 학생은 모두 자신만의 속도로 공부하며, 교사는 알고리즘 프로그램에 의해 분석된 자료를 바탕으로 각 학생이 매일 어떻게 공부하는지 상세히 파악함으로써 부진한 학생에 대해 좀 더 적절하게 대응하거나 학생의 요구 또는 소그룹이나 개인 지도에 더 많은 시간을 할애할 수 있다. 개별 순환 학습은 학급 단위의 교실 수업이 이루어지는 것이 아니고 개별 스케줄에 따라 움직이기 때문에 동일한 학생 수 기준으로, 기존 학교 건물이 요구하는 교실 수보다 적은 수로도 운영이 가능하다.

2015년 비니 도버 잭슨 중학교(Bennie Dover Jackson Middle School Middle School)는 비영리 단체 뉴 클래스룸(New Classrooms)과 제휴하여 수학 커리큘럼을 티치 투 원(Teach to One, 수학 맞춤형 학습 모델)으로 대체했는데, 학생이 매일 치르는 시험을 티치 투 원 알고리즘을 통해 분석하여 해당 학생에게 적절한 수업과 자료를 제시한다. 해당 학생은 제시된 맞춤형 목록에 따라 개별적으로 수업에 참여한다. 학생들은 같은 교사와 1년 내내 정기적으로 만나는 수학 자문 그룹을 가지고 있으며, 포털에 각 학생에 대한 고유한 라이브러리가 생성되어 일정 기준을 통과하면 포인트와 배지를 획득할 수 있다.

## 플렉스 모델

플렉스 모델은 일반적인 교실 환경에서 벗어나 주로 학점 교실이나 대안 교육센터 등에서 발전한 블렌디드 러닝 모델로, 우리나라의 방송통신대학교나 사이버대학을 비슷한 예로 들 수 있다. 때때로 대면 수업이 진행되기도 하나 온라인 학습이 주 근간이 된다. 학생들은 여러 학습 형태 사이에서 개별적으로 만들어진 맞춤식 스케줄을 통해 유동적으로 움직인다. 성적 관리 교사가 학습 현장에 있으며, 학생은 숙제가 있는 경우를 제외하면 대부분 학교에서 스스로 온라인 학습에 참여하여 수업에 대한 통제권이나 주도권이 학생에게 많이 부여되는 학습 모델이다. 소그룹 교수, 그룹 프로젝트, 개인 지도 등의 활동을 할 때 필요에 따라 면대면 도움을 제공하기도 하며, 몇몇 플렉스 모델은 온라인 학습을 보완할 자격을 갖춘 대면 수업 교사가 있는 반면 대면 수업을 거의 제공하지 않는 과정으로 운영하기도 한다. 상황에 따라 다른 형태로 교사를 구성하는 등 다양하게 변형하여 활용하는 온라인 수업 유형이기도 하다.

## 알 라 카르테 모델

알 라 카르테 모델은 학생이 학교에 다니며 수업을 듣지만, 온라인 과정을 통해 학교 외의 교육과정을 이수하거나 선택 교과를 학습할 수 있는 모델이다. 학생들이 학교의 정규 교육과정 교과 외에 학교에 개설되지 않은 교과를 자습 시간이나 방과 후 시간에 학교, 또는 다른 장소에서 온라인으로 수강할 수 있다. 이 학습 과정의 성적 관리 교사는 온라인 교사이며, 면대면 수업을 하지 않고 온라인 수업으로만 진

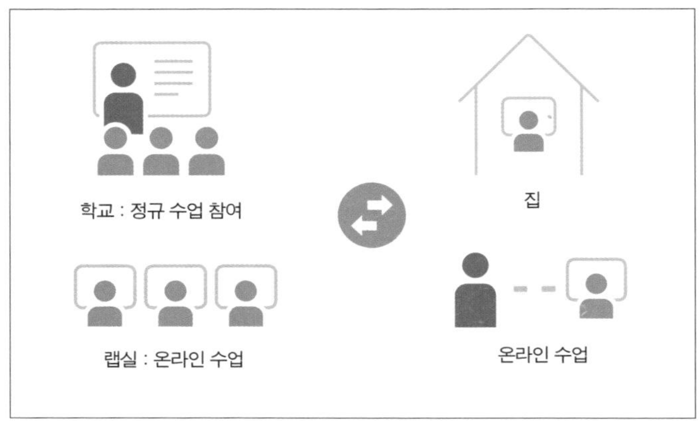


행한다. 이 모델은 여러 개의 온라인 수업 과정을 이수하긴 하나 학교에서의 학습 경험을 포함하고 있어 전일제 온라인 학습과는 구별된다.

파모자(Pamoja)는 전 세계 IB 디플로마 프로그램과 학위 제휴를 맺어 학교에 특정 과정이나 선택 과목을 가르칠 사람이 없는 경우 파모자 제공 과정을 선택하여 들을 수 있게 하고 있다.

영국의 소규모 IB 학교인 할시언 런던 국제학교(Halcyon London International School)는 6~12학년의 학생 수가 160명에 육박하기 때문에 풀 타임으로 제공되는 선택 과목에 대한 수요가 충분하지 않아 학생이 IB 필름, 또는 IB 비즈니스 경영 과정을 파모자 타우트 과정을 통해 수강할 수 있도록 한다. 파모자 과정을 수강하는 학생들은 일주일에 세 번, 개방된 공유 학습 공간에서 개인 기기로 강의를 수강하며, 기술 및 학업 문제를 해결하는 데 도움을 줄 수 있는 코디네이터가 감독하고 있다.

그 밖에 2020년 9월 시행된 부산광역시 교육청 '2학기 바로교실 수업', 소주-무석 재외한국학교 간 '공동 교육과정' 운영은 학교 간 네트워크를 구성하여 진로 맞춤형 과목을 개설하고 원격 수업과 등교 수업으로 동시 진행하는 알 라 카르테 모델의 또 다른 사례라고 할 수 있다.

## 가상 학습 강화 모델

가상 학습 강화 모델은 풀 타임 전일제 온라인 학교로 시작했다가 점차 학생에게 학교에서 학습하는 경험을 제공하는 것으로 발전된 블렌디드 프로그램 형태로, 정규 온라인 학교의 대안 모델이라고 볼 수 있다. 즉, 필수 과목 등 일부 수업 시간에는 학교 수업을 하고 나머지는 온라인 수업으로 진행되는 모델이다. 일반적으로 교과에 따라 동일한 사람이 원격 수업과 등교 수업을 동시에 수행한다.

가상 학습 강화 모델은 등교 수업을 필수로 한다는 점에서 면담 시간이나 학교 행사 참여 외 학습 모두를 온라인으로 진행하는 전일제

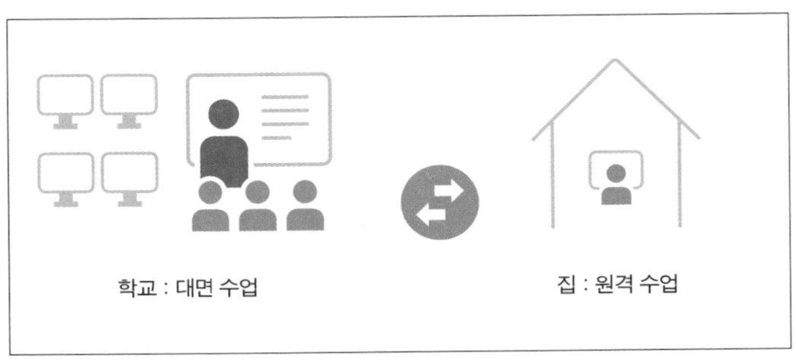

온라인 학습과 구별된다. 하지만, 주중 매일 교사와 만나 수업하는 것은 아니라는 점에서 순환 모델과 차이가 있다.

커먼 웰스 커넥션 아카데미(CCA 필라델피아 센터)의 가상 학습 강화 모델[04]은 학생들이 일주일에 2~4일을 출석하고 나머지는 플랫폼을 통한 온라인 수업에 참여하는 형태이다. 출석 수업은 개인 사정에 따라 오전 수업이나 오후 수업 중 선택해 참석한다. 대면 수업 교사가 출석 학생을 대상으로 소규모 그룹으로 필요한 학습 과정을 가르치며, 금요일 오전에는 일대일 도움이 필요한 학생을 위한 시간을 따로 운영한다. 교직원은 상담가로서 학생들을 도우며, 매주 학생에게 부여할 학습 스케줄을 짠다.

## 블렌디드 러닝으로 돌파구를 찾자!

2020년 9월 부산광역시 교육청은 고등학교 2학년 120여 명을 대상으로 '2학기 바로교실 수업' 10개 강좌를 개설한다고 밝혔다.[05] 바로교실은 고교 학점제 도입에 앞서 학생의 과목 선택권을 확대하기 위한 수업이다. 희망 학생 수가 적거나 교사 수급이 어려운 진로 선택 과목이나 전문 교과 등을 화상 수업 시스템을 활용해 실시간 온라인 수업으로 진행한다. 학생들은 수행평가와 지필평가를 치르며, 그 결과

---

04 마이클 혼 · 헤더 스테이커, 블렌디드, 에듀니티, 2017년, 80~81쪽

05 박창수, 부산교육청 2학기 고교 바로교실 수업 10개 과목 개설, 연합뉴스, 2020년 9월 21일

는 학교생활기록부에 등재되는 등 학교의 정규 교육과정 수업과 동일하게 진행될 예정이다. 이에 따라 부산광역시 교육청 소속 2개 고교에 온라인 수업 스튜디오를 구축하고, 학생에게 교재와 수강 장비를 제공하는 등 바로교실 운영을 지원한다.

같은 시기에 소주와 무석의 재외한국학교는 '공동 교육과정' 운영을 시작한다. 소주와 무석 재외한국학교 간 네트워크를 구성하여 고급 물리학 등 진로 맞춤형 과목을 개설하고 원격 수업과 등교 수업으로 동시 진행한다. 평가 및 이수 기준, 학교생활기록부 등재 등 수업 외 사항도 정규 교육과정과 같이 이루어진다.

위의 사례는 온라인 과정을 통해 학교 외의 교육과정을 이수하거나 선택 교과를 학습할 수 있는 블렌디드 러닝의 알 라 카르테 모델로 볼 수 있다. 지역적 어려움, 소수 학생의 학습 요구, 다양한 교과 과정 지원 등 교육의 여러 고민들에 대한 돌파구를 블렌디드 러닝으로 찾아가고 있다. 이 사례는 또한 한국형 블렌디드 모델로 발전될 수 있음을 시사하는 부분이기도 하다.

2025년 '고교 학점제'가 전면 시행될 예정이다. 대전광역시 교육청은 4개 대학과 고교학점제 업무 협약을 체결하고, 학생이 자신의 진로에 따라 원하는 과목을 선택하여 들을 수 있도록 했다. 이는 지역 내 대학과 더불어 성장하는 학습 생태계를 조성하고 고교학점제에 대한 공감대를 넓히는 계기를 마련했다.[06] 또한, 서울시교육청은 특성화고,

---

06 대전교육청, 고교학점제를 위한 업무 협약 체결, 대전교육 전해Dream, 2020년 6월 1일

마이스터교 등 진로 중점 학교 외에도 일반고 학생들도 자신이 다니는 학교에 개설되지 못한 다양한 심화 과목, 소수 과목들을 권역별로 지정된 '거점 학교'에서 수강할 수 있도록 하는 '개방형-연합형 종합 캠퍼스 교육과정'을 만들어 2013년부터 운영해오고 있다.

이처럼 각 교육청별로 다양한 형태로 시행되는 고교 학점제 과정에 온라인 수업을 병행한 블렌디드 러닝을 접목하여 운영할 수 있다. 이를 통해 학생들의 과목 선택권 및 교육과정의 다양성과 자율성까지도 확대할 수 있을 것이다. 이는 또한 변화하는 여러 상황에서도 변동 없이 수업을 지속할 수 있다는 장점이 될 수 있으며, 서울-무크, 이솦(esof)을 활용한 EBS 캠퍼스 등 공기업과 사기업 모두에게 다양한 코스웨어(Courseware)[07] 플랫폼 계발 기회를 촉진시켜 교육의 다변화를 도모할 수 있는 계기도 될 수 있다.

또한, 블렌디드 러닝은 학교 밖 청소년들을 지원할 수도 있다. 현재 학점 교실이나 방송통신대학 등 성인을 대상으로 운영하고 있는 플렉스 모델을 바탕으로 지역별 꿈드림센터와 연계하여 다양한 상황에 있는 학교 밖 청소년들을 지원하는 프로그램을 운영해보는 것도 좋을 것이다. 일찍부터 진로를 찾아야 하는 학생, 정규 교육에 적응하기 힘들어 학교 밖을 택한 학생, 위기 학생, 학업 이탈 학생 등 다양한 환경에 놓인 학생들이 진로를 찾을 수 있도록 돕는 것 외에 학업을 지속할 수 있는 방안을 제공해주는 것 또한 필요하다. 각 지역 센터에 수업 지

---

07 컴퓨터를 활용한 각종 교육과정 시스템에 사용되는 프로그램과 데이터를 통틀어 일컫는 용어

원 장비를 갖추고, 학생이 원하는 시간과 장소에서 자신에게 필요한 수업을 듣고 학점을 인정받을 수 있도록 해야 한다. 이를 위해 수업 과정 및 학점 관리, 나아가 불안한 미래에 대한 진로 상담 등을 함께 도울 수 있는 코디네이터 인력을 구축해야 한다. 그리고 꾸준한 관리와 실질적인 지원을 통해 학교 밖 청소년들이 중단 없는 배움을 지속해, 미래로 나아갈 수 있는 출구를 마련해야 한다.

그 밖에 도시 소규모 학교인 이음학교, 서울형 작은학교, 각 지역의 분교 등 작은 학생 수를 가진 학교들을 위한 방안도 모색해볼 수 있다. 학생들을 학습 준비도에 따라 소규모 그룹으로 나누고, 온라인 수업 플랫폼을 활용한 다양한 스테이션을 구성하여 순환 모델로 운영할 수 있다. 이는 교사나 학교 공간을 보다 효율적으로 활용하는 방안이 될 수 있을 것이다. 온라인 수업 공간을 늘리고, 소규모 그룹이 수업할 수 있는 공간으로 바꾸는 등 미래형 학교 공간 디자인에 블렌디드 러닝을 적극 담아보려는 시도가 필요하다.

블렌디드 러닝의 핵심은 온라인과 오프라인을 활용하여 다양하고 유연하게 운영할 수 있다는 점이다. 언뜻 보면 모든 학교가 서로 비슷한 모습인 것 같지만, 그 안을 들여다보면 제각기 다른 환경을 가지고 있음을 알게 된다. 물리적 자원, 인적 구성, 학교 문화, 구성원의 인식과 요구, 지역사회 자원과 지원 등 각각의 환경도, 변화를 요구하는 수준도 같은 듯 저마다 다르다. 이러한 다름은 블렌디드 러닝을 보다 다양하고 유연하게 운영할 수 있는 출발점이 된다.

'다름'은 교육에 있어서 제약이 될 수 없다. '다름'은 교육의 변화와 다양성을 시도하는 시작이 되어야 한다. 이제 다양한 수업 기술이 온라인을 통해 접목되고, 등교 수업을 통해 다양한 모습으로 펼쳐지는 블렌디드 러닝으로의 '새로운 걸음'을 시작해보자.

# 한국 공립학교의 블렌디드 러닝

코로나19 이전에도 블렌디드 러닝에 대한 연구는 활발히 이루어지고 있었다. 가장 대표적으로 거꾸로 교실(플립 러닝) 수업이 있다. 거꾸로 교실 수업은 학생들이 가정에서 과제형 학습으로 개념과 내용을 배우고 대면 수업에서 학생 중심의 학습 활동으로 알게 된 개념을 체험하고 적용해보는 수업이다. 그러나 학교 단위로 이루어진 사례는 드물고 수업 연구 대회 실천 사례, 연구 논문이나 연구회, 교사 개인별로 블렌디드 러닝을 실천해오고 있었다. 대부분 정규 등교 수업을 하면서 배울 내용에 대한 개념을 미리 예습하고 오는 정도였다.

그리고 사이버 대학교, 사이버 테솔 과정 등 기본적으로 원격 수업만으로 진행하고 온라인으로 하기 힘든 평가나 행사 등을 대면 활동으로 진행하는 '플렉스 모델'의 블렌디드 러닝 사례를 찾아볼 수 있다. 이는 고등학생이나 대학생, 성인을 대상으로 하는 경우가 대부분이다.

## 코로나19가 불러온 블렌디드 러닝의 발전

코로나19 사태 이후 한국에서는 여러 번 개학이 미루어졌다. 마침내 온라인 개학이 실시되고 원격 수업으로 학교 교육과정이 재개되면서 초등학교의 경우 1~2학년은 EBS 방송 시청, 3~6학년은 원격 수업이 시작되었다. 위기를 기회로 삼아 새로운 미래 교육에 대해 교사 스스로 학습하고 실천하는 계기가 되었고 학생과 학부모도 원격 수업을 체감하게 되었다. 그러나 준비가 덜 된 상태에서 시작된 원격 수업에서는 여러 애로 사항이 발견되었다. 디지털 리터러시, 원격 수업에 필요한 기기 부족, 자기 주도적 학습이 부족한 학생들의 학습 코칭, 취약계층과 맞벌이 자녀의 나 홀로 원격 수업, 학습 격차 등이다. 그러나 감염 예방, 학생 맞춤형 피드백, 시간과 장소의 구애 없는 학습 가능과 같은 원격 수업의 장점도 발견할 수 있었다. 무엇보다 미래에도 학교는 존재할 수밖에 없음을 증명했다.

2020년 5월 13일부터 고등학교 3학년 학생들의 등교 수업을 시작으로 단계적 등교 개학이 실시되었다. 6월 1일부터 각 단위 학교의 학생 수에 따라 등교 인원을 조정하여 학생별로 주 1~3회 등교하고 나머지는 원격 수업을 하는 블렌디드 러닝을 실시하고 있다(지자체마다 다르며 전교생 60명 이하의 소규모 학교는 주 5회 대면 수업을 실시하는 곳도 있다). 이에 교사는 원격 수업과 대면 수업을 함께 준비하고 있는 상황이다. 다시 말해서 교사와 학교에 블렌디드 러닝이라는 새로운 과제가 생긴 것이다. 교사들은 원격 수업을 하면서 알게 된 노하우를 블렌디드 러닝에 적용하고 대면 학습 때 꼭 해야만 하는 것과 원격 수업으로 가능한 학습 내용을 구분할 수 있게 되었다. 대면 수업 방식 역시 기존과는 다른 방식이 필요하다는 것을 알게 되었다. 그러나 방역 원칙에 따라 학교는 학생 상호 간 대면 활동을 최소로 해야 하기에 미래 교육을 위한 진정한 블렌디드 러닝에는 여러 고민이 더해지고 있다. 이런 고민을 바탕으로 블렌디드 러닝에 대한 관심과 연구가 활발히 이루어지고 있으며 여러 교육청에서는 관련 자료들을 쏟아내고 있다.

## 한국 블렌디드 러닝의 3가지 유형

코로나19 이후 한국 교육에서 시행되고 있는 블렌디드 러닝은 순환 모델의 형태를 가지고 있다. 그중에서도 원격 수업 방식을 기준으로 크게 콘텐츠 활용 수업, 과제 해결형 수업, 실시간 쌍방향 수업으로 나눌 수 있으며, 학교 단위, 동학년 단위, 교사에 따라 1~3가지의 형태의 원격 수업 방식을 선택하여 적용하고 있다.

콘텐츠 활용 수업은 콘텐츠를 활용하여 자료를 준비하고 이를 토대로 원격 수업을 하는 것이다. e학습터, EBS 온라인 클래스와 같은 플랫폼을 활용하여 학생은 지정된 녹화 강의나 학습 콘텐츠로 학습한다. 등교 수업 때는 학습 진행 확인 및 피드백, 평가와 보충학습 위주의 수업이 이루어진다. 처음 원격 수업이 시작되고 1~2학년들은 EBS 방송을 주로 시청했다. EBS 온라인 클래스는 강의식 수업 동영상이 잘 마련되어 있어서 학생들이 그 진도에 맞추어 수업을 들을 수 있다. e학습터에도 자료들이 많이 올라와 있어서 학급 진도에 맞추어 원격 수업을 어렵지 않게 할 수 있었다. 하지만 EBS 온라인 강의의 진도는 다소 빠를 때도 있고 학생들이 배워야 하는 관련 차시의 내용과 정확하게 일치하지 않는 경우도 있었다. 뿐만 아니라 학생들이 실시간으로 강의를 보고 수업에 참여하는지 파악하기 어렵고 진도율이 늦은 것에 대한 정확한 확인이 어렵기도 했다. 학생들과의 상호 작용이 잘 이루어지지 않는 아쉬움이 있어 등교 수업 때 적절한 피드백과 학생 중심의 활동을 하기에도 한계가 있었다. 또한 자기 주도적 학습 능력에 따라 학습 격차가 생길 수 있다.

과제 해결형 수업은 교사가 학생들에게 가정에서 할 과제를 제시하는 것이다. 예를 들면 파워포인트 자료나, 수업 영상을 자체 제작하여 e학습터, EBS 온라인 클래스, 구글 클래스룸(Google Classroom)에 업로드하고 학생들과 실시간 피드백을 주고받을 수 있다. 수업 영상뿐만 아니라 인디 스쿨, 유튜브 등 여러 자료들을 찾아보고 교사가 적절한 콘텐츠를 선별하여 원격 수업을 위한 자료를 제시하고 학생들은 이에 따라 과제를 해결한다. 해결한 과제를 온라인에 업로드하고, 등교 수업 때 이를 활용한 수업을 할 수 있다. 그리고 동학년 교사들이 함께 모여 그 학년의 자료를 준비하고 공유하면서 새롭게 수업 자료와 과제를 만들어나가기도 한다.

과제 해결형 수업으로 적절한 플랫폼인 구글 클래스룸은 학생이 제출한 과제에 비밀 댓글과 점수 부여와 같은 기능을 이용해 실시간으로 적절한 피드백을 줄 수 있다. 그리고 구글 문서, 구글 프레젠테이션으로 제출한 과제들은 교사가 수정을 하고 학생들이 제안 수용을 눌러 교사의 피드백으로 자신의 과제를 수정할 수 있다. 그리고 주제별로 수업을 만들고 과제, 퀴즈 과제, 질문, 자료, 게시물 재사용 등으로 수업에 적절한 게시물을 쓸 수 있다. 유튜브나 교과 관련 영상을 링크하는 기능, 첨부 자료를 보내고, 학생에게 파일 보기 권한과 수정 권한을 줄 수도 있으며, 학생별 사본 제공 등의 기능이 있어서 잘만 활용한다면 온라인상의 또 다른 교실이 될 수 있다. 이를 토대로 대면 수업 때는 토의 토론, 발표하기, 체험해보기와 같은 학생 중심의 교육을 할 수 있다. 거꾸로 교실 수업을 위한 적절한 블렌디드 러닝 방식이라고 볼 수 있다. 학생들의 자기 주도적 학습 능력과 디지털 기기의 사용이 익숙해진다면 앞으로도 블렌디드 러닝을 위한 설계에 이상적인 방법이라고도 하겠다.

하지만 학생들이 실시간으로 온라인에 있는 것이 아니라서 초등에서는 학생들의 자유 시간이 보다 많아짐에 따라 교사뿐만 아니라 학부모 혹은 또 다른 학습 멘토가 자기 주도적 학습을 위한 보조 역할을 해주어야 한다.

실시간 쌍방향 수업은 말 그대로 실시간으로 학생들과 교사가 온라인상에 접속해서 수업을 하는 것이다. 주로 화상 회의 플랫폼을 사용하는데 대표적으로 줌, 구글 행아웃 미트(Goolge Hangout Meet), 시스코 웹엑스, 온 더 라이브 등이 있다. 그 외에도 아프리카TV, 카카오톡TV

<table>
<tr><th>블렌디드 러닝<br>순환 모델<br>(원격 수업 형태 기준)</th><th>원격 수업(플랫폼)</th><th>등교 수업</th></tr>
<tr><td>콘텐츠 활용 수업</td><td>· 온라인 강의, e학습터, EBS 온라인 클래스, EBSTV<br>· 학생은 지정된 녹화 강의나 학습 콘텐츠로 학습하고 교사는 학습 진행도 확인 피드백</td><td rowspan="3">· 스스로 해결한 학습 피드백<br>· 개념 이해 및 오개념 지도<br>· 학습 결과 발표, 공유, 평가<br>· 학습자 중심 수업<br>· 수업의 개인화<br>· 협업, 체험학습, 창의학습<br>· 토론식 수업<br>· 역량 기반 수업</td></tr>
<tr><td>과제 해결형 수업</td><td>· 학급 홈페이지, 구글 클래스룸, 클래스팅, 밴드, 다양한 수업 자료, 자체 제작 콘텐츠<br>· 교과별 성취 기준에 따라 학생이 자기 주도적 학습 내용을 확인할 수 있도록 온라인으로 과제 제시 및 피드백</td></tr>
<tr><td>실시간 쌍방향 수업</td><td>· 화상 회의 플랫폼 활용, 줌, 행아웃 미트, 시스코 웹엑스, 구글 미트, 온 더 라이브<br>· 교사와 학생 간 화상 수업을 하며, 실시간 소통 등 즉각적인 피드백</td></tr>
</table>

(교육부 2020. 3. 27 보도자료 참고)

와 같이 라이브 방송을 통해 수업을 하기도 한다. 필자가 있는 학교는 원격 수업 방식을 모두 실시간 쌍방향 수업으로 하기로 정했고 가장 안정적인 플랫폼을 찾기 위해 교사들이 함께 회의에 참여해서 여러 기능과 접속 상태를 비교해보았다. 우리가 선택한 플랫폼은 줌이었다. 줌은 소회의실 열기로 그룹 토의가 가능하고 화면 공유 기능으로 파워포인트와 같은 관련 콘텐츠 공유도 가능했다. 또 실물 화상기와 연결하여 교과서에 필기하면서 수업을 할 수도 있었다. 그러나 여전히 접속 상태와 해킹 방지를 위한 개선이 필요하다.

줌과 함께 출석 체크와 과제 제시, 그리고 콘텐츠 활용 및 과제 제시형 수업을 위해 EBS 온라인 클래스, 구글 클래스룸, 클래스팅(Classting) 등과 같은 보조적인 플랫폼도 함께 활용하고 있다. 원격 수업이 블렌디드 러닝을 통해 본격적으로 일상화가 된다면 교육부가 권장 가능한 안정적인 쌍방향 수업 플랫폼이 필요해 보인다.

## 한국 블렌디드 러닝의 시사점

한국형 블렌디드 러닝은 원격 수업 방식을 기준으로 대다수의 학교가 과제형과 콘텐츠형을 활용한 수업이 주를 이루었다. 실시간 수업을 하지 않다 보니 학생의 학습 여건(자기 주도적 학습력, 기반 시설, 부모의 학습 멘토 역할 등)에 따라 학습 격차가 심해졌다. 2019~2021학년도 6월 수학능력시험 모의평가 수학(나) 성적을 비교해보면 상위권과 중위권

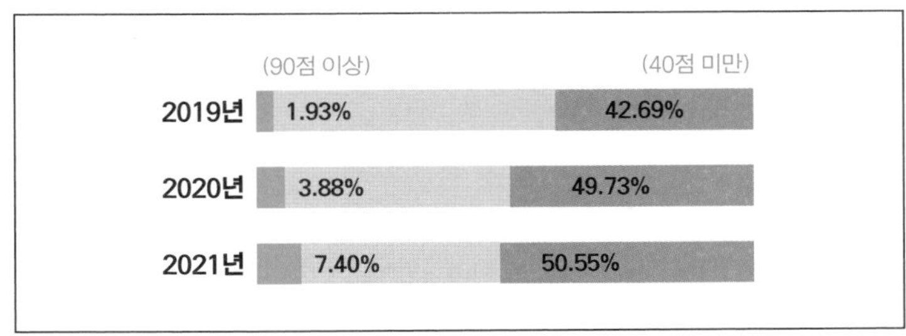


2019~20121년 6월 모의평가 수학(나) 성적 비교(출처 : 한국교육과정평가원, 2020)

격차가 벌어진 것을 알 수 있다.

특히나 학업 성취도가 높았던 학생들은 오히려 더 높은 성취 수준을 보여주었고 성취 수준이 낮은 학생들은 더 낮은 학업 성취도를 보였는데, 이로 인해 학습 격차가 심해졌음을 알 수 있다. 이는 블렌디드 러닝이 자기 주도적 학습력이 높은 학생들에게는 긍정적인 역할을, 그렇지 못한 학생들에게는 부정적 역할을 했음을 보여준다.[01]

2학기부터는 학습 격차 해소의 대안으로 교육부에서 실시간 수업을 권고하고 있다. 그러나 현장 수업에 맞게 개발했다는 온 더 라이브에 접속자가 몰리면서 접속 불량으로 접속이 끊기는 일이 계속 생겨서 학부모 민원이 더 많아지고 있는 상태이다. 11월부터 e학습터에 수십만 명이 동시에 접속할 수 있는 시스템을 사용할 수 있게 된다고 한다. 교사들은 밴드 라이브, 유튜브 라이브, 카카오 라이브톡 등 다양한 실시간 회의 플랫폼을 활용하고 있으나 학생들의 혼란을 최소화하기 위해 국가가 관리 가능한 실시간 쌍방향 플랫폼 마련이 시급한 실정이다.

뿐만 아니라 블렌디드 러닝이 성공하기 위해서는 취약 계층과 부진 학생에 대한 지원을 해야 한다. 긴급 돌봄을 통해 가정에서 원격 수업이 힘든 학생들은 학교에서 수업을 들을 수 있도록 배려해야 한다. 또한 교사와 학부모의 학습 코칭, 수업 멘토의 역할이 더욱 중요해졌다. 지금까지 시도했던 다양한 블렌디드 러닝 방식과 각 모델의 장단점을

---

01 김유림, 원격 수업으로 중위권이 사라진 '교육 양극화', 코로나 장기화로 교육 격차 심해졌다, 주간동아, 2020년 7월 23일

분석해보고 미래 학교에서 가장 이상적인 수업이 무엇인지 함께 논의해야 할 것이다. 다음 장에서는 SKIS의 블렌디드 러닝 학습 사례를 살펴보고 이를 바탕으로 앞으로의 미래 교육에 대해 논의해보고자 한다.

Blended Learning

PART 3

# 싱가포르한국국제학교의 블렌디드 러닝 실천 사례

• 저학년 실천 사례 1 •

# 집과 학교의 경계를 없애 학교생활의 즐거움을 찾다

"어… 아무도 없네."

"오늘은 내가 일등이다"

"선생님 거기 있어요?"

수업 시작 20분 전에 들어가서 일찍 들어오는 학생들을 맞이한다. 오프라인으로 등교하는 시간이 모두 다르듯이 온라인 교실에 들어오는 시간도 다 다르다. 학교에서 아침 활동을 하듯 동화책을 읽어주거나 수수께끼 문제를 내면서 자연스럽게 모든 아이들이 들어올 때까지 기다린다.

책에 집중하지 않거나 수수께끼 문제 내기 활동을 하지 않는 아이들은 자신의 노트북이나 컴퓨터의 키보드, 마우스를 이것저것 눌러보면서 자연스럽게 줌 교실의 이런저런 기능을 배운다. 선생님이 화상수업 소프트웨어 사용 방법을 따로 가르쳐주지 않아도 자신의 배경 화면도 바꿔보고 이름도 바꿔보고 채팅 기능을 사용하여 다른 친구에게 메시지를 보내기도 한다. 알려주지 않아도 잘 찾아서 하는 아이들도 있고 다른 친구들이 하는 것이 신기해서 가르쳐 달라고 하는 아이도 있다. 서로 묻고 대답하며 여러 기능을 익힌다. 특별한 ICT 교육을 받지 않은 1학년이지만 자연스럽게 사진을 저장하고 그 사진을 얼굴 배경으로 설정하며 재미있어한다.

각자 집에 따로 있지만 쉬는 시간이나 아침 시간, 점심 시간에 아이들은 서로 대화하고 놀기를 원한다. 아이들이 학교를 좋아하는 이유는 공부가 아니라 친구들이니까. 서로 대화하고 같이 놀 수 있도록 미리 미팅룸을 열어놓는 것도 좋은 방법이다. 선생님이 없더라도 친구들과 함께 얘기하고 즐거운 시간을 보낼 수 있게 하는 것이다.

수업 시간에 교사는 아이들 목소리를 음 소거 기능으로 통제할 수 있지만 아이들이 스스로 껐다 켰다 할 수 있도록 했다. 교사가 통제하면 발표할 아이를 찾아서 켜줘야 하는 불편함이 있다. 아이들과 온라인 수업 중에 지켜야 할 규칙을 정하고 같이 실천하기로 했다. 함께 정한 규칙은 '수업 시간에 채팅 금지', '친구에게 방해되는 말 하지 않기', '수업 중에는 화면 오른쪽 아래에 있는 자신의 이름 바꾸지 않기', '발언권이 주어지면 음 소거 해제하기' 등이다.

컴퓨터 화면에 작게 보이는 20여 명의 얼굴로 아이들의 수업 태도나 집중도를 파악하기 힘들지 않을까 걱정이 되었다. 그렇지만 한국에서와 달리 1학년은 오프라인으로 입학을 했고, 이후 3주 남짓 직접 만나 생활했다. 이것이 학생들의 특징과 수업 태도를 파악하는 데 큰 도움이 되었다. 오프라인 교실에서의 모습을 이미 알고 있기 때문에 화면의 눈이 아래를 향해 있을 때 교과서를 보는지 다른 곳을 보고 있는지, 손이 글씨를 쓰고 있는지 낙서를 하고 있는지 느낄 수 있었다.

온라인에서의 아이들 모습과 오프라인에서의 모습은 같았다. 학급경영도 마찬가지였다. 조금만 신경을 쓰면 어렵지 않게 점심 시간, 쉬는 시간까지 아이들은 교사의 지도와 도움 아래 있을 수 있었다. 그렇지만 분명히 한계는 있다. 친구들과 함께 놀 수는 있지만 수수께끼나 속담 풀이를 하는 등 같이 얘기하는 활동에 그치고 만다. 아이들은 만나서 뛰어놀고 싶어 한다. 온라인 교실을 통해 아이들은 더욱 오프라인 교실의 소중함을 느끼고 학교에 즐거운 마음으로 등교한다. 온라인 수업과의 병행은 오프라인 수업을 더욱 기대하게 만든다.

## 원격 수업에서 이루어지는 모둠별 활동

**교과 및 단원** 1학년 국어 5. 다정하게 인사해요
**학습 내용** 알맞은 인사말 알기(원격 수업)+상황에 맞는 인사말 하기(등교 수업)

실시간 쌍방향 수업에서 학생들이 동화책이나 동영상 매체에 보다 잘 집중하는 것을 확인할 수 있었다. 동화책《또박또박 반갑게 인사해요》(지도서 203쪽 참고 자료)의 장면을 화면에 띄우고 동화 구연으로 수업을 시작했다. 잘못된 인사말을 사용하고 있는 '포포'에 대한 학생들의 생각을 물었더니 자연스럽게 바른 인사말로 고쳤다. 전체 학생들이

각자의 의견을 개진할 수 있도록 화이트보드를 사용하여 바른 인사말을 써보기도 했고, 각자 작성한 답안에 대하여 어떤 상황인지 아이들이 설명하도록 했다. 그리고 각 상황에 맞는 인사말을 발표한 후, 4명씩 소그룹으로 나누어 서로의 의견을 나누고 각 소그룹 내에서 상황에 맞는 역할극을 진행했다.

온라인상에서 모둠별 활동은 교실에서와는 다르게 소그룹 친구들과 별도의 가상 공간에서 진행할 수 있기 때문에 타 그룹의 방해 없이 순조롭게 진행할 수 있었다. 그리고 소그룹 활동 시 어려운 점이 있어 교사에게 도움을 요청할 경우, 교사가 해당 소그룹 모둠에 참여하여 학습 진행 상황을 손쉽게 파악할 수 있다.

이렇게 원격 수업을 마치고 오프라인 교실로 돌아와 손가락 인형으로 인사말 놀이, 인사 놀이 등을 함께 활동하면서 상황에 맞는 인사말을 실천하는 수업을 했다.

등교 수업 시 발표나 활동 참여에 적극적이지 않았던 학생들도 원격 수업에서는 보다 적극적으로 참여하는 모습이었다. 편안한 집에 있어서 그럴 수도 있고 든든한 엄마가 옆에 있어서일 수도 있다. 또한 해보지 않고 언제나 교사에게 도움을 요청하던 아이들도 결국에는 설명을 듣고 혼자 해야 하기 때문에 원격 수업이 스스로 문제를 해결하는 능력을 키우는 데 도움이 되었다.

## 집 안 물건들을 활용한 원격 수업

**교과 및 단원** 1학년 수학 2. 여러 가지 모양
**학습 내용** 여러 가지 모양 찾기(등교 수업)+여러 가지 모양 알기(원격 수업)+탐구수학(원격 수업)

여러 가지 모양 찾기 수업은 등교 수업으로 진행했다. 교실에서 티슈 상자와 딱풀, 공, 지우개, 구슬, 통조림 캔 등을 통해 3가지 모양(직육면체, 원기둥 및 구)에 대한 차이와 주변에서 찾을 수 있는 같은 모양의 사물들을 구분하는 활동을 통하여 여러 모양에 대한 개념을 확립했다. 또한 각 모양 이름을 상자 모양(직육면체), 딱풀 모양(원기둥), 공 모양(구)으로 부르기로 같이 약속한 후 원격 수업으로 들어가게 되었다.

다음 차시는 '여러 가지 모양을 알아볼까요?'이다. 상자 안에 들어 있는 물건의 일부를 보고 어떤 모양인지 알아보는 활동이다. 파워포인트를 사용하여 맞혀야 하는 물건을 가림판으로 가리고, 가려져 있던 부분을 조금씩 보여주었다. 학생들은 점점 모양이 나타나는 화면에 집중하며 적극적으로 수업에 참여했다.

원격 수업은 학생들 각자의 집에서 이루어지므로 일상에서 접하는 여러 가지 모양의 물건들을 더 쉽고 다양하게 찾을 수 있었다. 학생들은 집 안 구석구석에 있는 물건들을 살피면서 직육면체, 원기둥, 구 모양을 찾아와 굴려보고 쌓아보고 하면서 각각의 모양과 특징을 스스로 찾아냈다.

교실에서 수업을 할 때는 소란스러운 활동일 수 있으나 원격 수업에서는 학생들끼리 부딪치거나 밀치는 일 없이 각자 자유롭게 굴리고 쌓을 수 있었다.

가정에서 학생이 완성한 기차 마을

'탐구수학 – 마을을 만들어볼까요?' 수업은 미리 라벨지에 여러 가지 모양의 도형을 인쇄하여 학습 자료로 배포했고, 이 도형들을 스케치북에 오려 붙여 학생들 각자가 상상한 마을을 꾸미고 그림도 그려 넣도록 했다. 입체도형을 평면도형으로 꾸밀 수밖에 없는 한계가 있기는 했지만 학생들은 즐겁게 참여했고, 추후 등교수업에서 관련 내용을 보충해주기로 계획했다.

## 각자 만든 것으로 완성된 교실 꾸미기

**교과 및 단원** 1학년 통합(봄) 1. 학교에 가면 2. 도란도란 봄 동산
**학습 내용** 우리 교실을 꾸며요(원격 수업, 등교 수업)+봄 동산에 사는 친구들(원격 수업)+나무야 사랑해(원격 수업)

봄 교과 통합 수업 역시 재구성이 필요했다. 특히 온라인으로 진행된 '우리 교실을 꾸며요' 수업은 오프라인 수업이 다시 시작될 때 교실

환경판을 꾸미기 위한 준비 수업으로 진행했다. 교실 환경판을 어떻게 꾸밀지 의견을 모으는 수업을 진행한 후, 학급 학생들의 얼굴 사진 주변에 붙일 꽃과 줄기, 나뭇잎 등의 종이접기 수업을 했다. 종이접기가 교실에서도 유난히 질문이 많은 활동이어서 걱정이 되었다. 사전에 실물 화상기로 색종이와 손을 비추며 화면에 보이는 모습을 확인했다. 종이접기와 같은 만들기 활동을 따라 할 때는 줌 화면 비디오 설정을 거울 모드로 해야 아이들이 더 쉽게 따라 할 수 있다. "잘 모르겠어요", "다시 해주세요", "저 할 때까지 기다려주세요" 등 질문이 많긴 했지만 여러 번 반복된 설명을 통하여 학생들 스스로 잘 접을 수 있게 되었다. 그렇지만 일부 학생들은 학부모의 도움을 받게 되는 상황이 발생하여 저학년 원격 수업의 한계를 느끼기도 했다.

'봄 동산에 사는 친구들' 원격 수업에서 아이들이 만든 작품들로 꾸민 교실

'봄 동산에 사는 친구들' 수업에서는 OHP 필름, 폼폼이, 눈알, 모루끈(공예용 철사) 등을 이용해 나비, 애벌레 등을 만들었다. 학습 준비물은 등교 수업 시 미리 배부했다. 만들기 수업을 힘들어하는 저학년 아이들에게 항상 "괜찮아", "만들 수 있는 것까지만 만들고 나머지

원격 수업을 하면서 만들었던 작품으로 교실 꾸미기

는 학교에 와서 같이 하자"고 말하면서 잘하지 못해 속상해하는 아이들을 위로했다.

'나무야 사랑해' 수업은 원격 수업을 통해 나무의 이점과 소중하게 여기는 방법에 대한 학생들 각자의 의견을 나누는 시간을 가진 후, '나무를 소중하게 여기는 마음을 갖고 실천하기'는 다시 학교로 돌아와 활동하기로 계획했다. 동화 《아낌없이 주는 나무》를 보며 수업을 시작했다. 소년, 청년, 노인 등의 과정을 거치는 동안 나무로부터 받은 것들을 이야기해보는 시간과 나무가 우리 생활에 주는 도움을 살펴보았다. 나무의 이점을 바로 떠올리지 못하는 아이들을 위해 나무로 만들어진 물건 사진이나 나무가 우리의 쉼터가 되어주는 사진 등을 파워포인트에 삽입하여 구체적으로 생각할 수 있도록 했다. 나무로 만들어진 물건을 사용한 경험이나 그런 물건을 낭비했던 경험도 떠올리면서 잘못한 점을 반성하며 앞으로 어떻게 소중히 사용할지 다짐하는 시간을 가진 후, 색지로 나뭇잎을 만들어 그 위에 각자의 다짐을 쓰며, 수업을 마무리했다.

이렇게 원격 수업을 하며 만들었던 것들을 가져와 교실에서 '우리 교실을 꾸며요' 두 번째 차시 수업을 했다. 친구들 사진이 붙어 있는 꽃은 환경판 아래에 나란히 붙이고, 나비는 위쪽에, 나무를 소중히 여기는 다짐이 들어간 나뭇잎은 다 같이 갈색 나무 기둥을 만들어 붙였다. 각자의 집에서 따로 만든 작품이지만 같이 모여서 전시하니 새로운 하나의 작품이 되었다.

• 저학년 실천 사례 2 •

# 재미있게 시작하고 알차게 채우는 원격 수업

"1학년 1반 친구들, 다음 주부터 여러분은 학교에 오지 않고 선생님과 컴퓨터로 만나서 공부할 거예요."

"네? 왜요? 학교 오고 싶은데…."

"학교 와서 놀면 안 돼요, 선생님?"

"저는 컴퓨터 잘 못 하는데요."

우리 반 친구들은 선생님이 학교에 오지 말라고 하니 깜짝 놀란 표정으로 앞으로 무슨 일이 일어나는지 궁금해했다.

줌이라는 새로운 플랫폼으로 온라인상에서 아이들을 만날 생각을 하니, 1학년 담임교사로서 원격 재택 수업을 처음 준비하는 마음은 답답함 그 자체였다. 답답한 마음은 다음 3가지 이유에서 비롯되었다. 첫째, 1학년은 학교 교실에서 교사의 얼굴을 직접 보며 수업을 할 때도 과제 해결에 집중하는 시간이 매우 짧다. 둘째, 1학년은 학생들의 이해를 돕기 위해서 수업 시간에 설명할 때 시각적(실물) 자료가 많이 필요하다. 셋째, 1학년은 이제 학습 습관을 처음 들이는 단계로 수업 시간 내내 교사의 끊임없는 개별 지도가 꼭 필요하다. 초등학교에 입학한 지 겨우 한 달도 안 된 1학년 친구들에게 컴퓨터 앞에 혼자 앉아 온라인 수업을 하는 일은 불가능해 보였다.

하지만 불가능을 가능으로 바꾸기 위해 꼼꼼하게 준비를 시작했다. 우선, 반 아이들이 컴퓨터에서 줌을 이용하는 데 어려움이 없도록 미리 함께 연습했다. 가정통신문과 학급 알림장을 통해 하교 후 정해진 시간에 줌에 접속하도록 했다. 같은 시간에 모든 아이들이 들어올 여건이 안 되어 같은 연습을 몇 번 반복했다. 이때, 교사의 목소리가 잘 들리는지, 학생의 목소리 크기도 살펴보는 등 오디오 기능을 확인했다.

1학년 우리 반 아이들은 선생님과 친구들 그리고 자기 얼굴이 화면

학생들이 가정에서 줌을 이용해보는 연습을 하고 있다.

에 나오니 무척 재미있어했다. 아이들은 호기심으로 가득 차 교사가 말하지 않아도 음 소거 기능 등 이것저것 다양한 기능을 위한 아이콘들을 클릭해보곤 했다. 일단 컴퓨터 수업을 하는 데 긍정적인 흥미와 관심은 확보되었다.

그다음으로 아이들이 가정에서 원격 수업을 할 때 필요한 학습 자료와 학습 활동지를 모두 준비하여 A4 바인더에 넣어 마련했다. 수업 진도에 맞추어 순서대로 과목별로 활동지와 재료(예: 클레이, 색종이, OHP 필름 등)를 넣었다. 이 A4 바인더만 있으면 기본적인 수업이 가능하도록 준비물 꾸러미를 만들어 원격 수업이 시작되기 전날에 아이들에게 나누어 주었다.

## 동영상 자료와 종이접기로 봄을 배우다

**교과 및 단원** 1학년 통합(봄) 2. 도란도란 봄 동산
**학습 내용** '봄에 볼 수 있는 식물과 동물' 동영상 자료 보기와 흉내 내기 활동을 통해 익히기(원격 수업+등교 수업)

늘 여름인 싱가포르에 사는 우리 학교 학생들은 계절의 변화를 체감하기 어렵다. 그런데 봄에 볼 수 있는 식물(개나리, 진달래, 목련, 민들레, 새싹 등)과 동물(개구리, 제비, 곰, 다람쥐, 뱀 등)을 배워야 한다. 그래서 계절에 대한 느낌을 알려주기 위해 유튜브에 있는 한국의 겨울 동영상 자료를 보여주었다. 겨울잠을 잤다가 봄이 되면 깨는 동물과 따뜻한

봄이 되어야 꽃과 새싹을 피우는 식물을 이해하기 위해서는 겨울이라는 계절부터 이해하는 것이 좋을 것 같았다. 유튜브 자료를 찾아보니 눈이 펑펑 쏟아지는 한겨울의 동영상 자료가 많았고 그중에서 풍경과 사람들의 옷차림을 볼 수 있는 자료를 보여주었다.

봄에 볼 수 있는 동식물을 자기만의 몸짓으로 표현하고 있다.

줌의 화면 공유(Share Screen) 기능을 통해 등교 수업 때와 다름없이 생생한 사진이나 동영상 자료를 제공할 수 있었다. 왜 겨울잠을 자는지 겨울이 얼마나 추운지 설명을 해주고, 따뜻한 봄이 되면 볼 수 있는 동물과 식물을 사진 자료를 통해 함께 익혔다. 한국말이 서툰 아이들도 있어서 동식물 이름을 익힌 후 흉내 내기 놀이 활동을 통해서 이름을 재미있게 반복하여 익혔다. 학생 전체 음 소거를 하고 동식물을 몸으로 표현하고 싶은 아이를 초점 기능(Spot Light)을 통해 크게 보이게 했다. 다소 엉뚱해 보일 때도 있는 자기만의 몸짓으로 동식물을 표현하고 다른 친구들이 정답을 맞히는 내내 웃음이 끊이지 않았다.

대면 수업에서는 이미 원격 수업에서 배운 봄이 되면 볼 수 있는 동물과 식물 이름을 복습했다. 그리고 종이접기로 봄에 쉽게 볼 수 있는 새싹을 함께 접어서 교과서에 붙이고, 나머지 공간에는 그리고 싶은 동물과 식물을 그려서 꾸미도록 했다.

## 게임을 통해 수업의 재미를 느끼게 한 국어 수업

**교과 및 단원** 1학년 국어 3. 다 함께 아야어여
**학습 내용** 모음의 소리와 모양을 알 수 있는 다양한 게임하기(등교 수업+원격 수업)

모음을 익히는 대면 수업 국어 시간이다. 교과서에 나타난 모음의 모양을 살펴보고 교과서 부록에 있는 카드를 뜯어 준비했다. 교사가 말하면서 제시하는 모음 카드를 함께 들어 보이는 활동을 했다. 처음에는 교사가 모음의 소리를 내면서 카드를 들어 모양을 보여주지만 나중에는 소리만 내고 카드는 보여주지 않는다. 아이들이 모음의 소리를 듣고 모양을 맞히도록 하는 것이다. 이렇게 '빨리 카드 들기' 게임을 통해 모음을 어느 정도 익힌 아이들에게 다음 원격 수업을 위해서 꼭 모음 카드를 챙겨 가도록 지도했다.

원격 수업 시간이다. 흥겹고 신나는 모음송으로 수업을 시작했다. 어느 정도 모음을 익힌 후였으므로 '이구동성' 게임의 형식으로 3명의 학생들이 각각 하나의 모음을 동시에 말하면 나머지 친구들이 어떤 모음인지 알아맞히는 활동을 했다. 모음 소리를 내고 싶은 학생들이 손을 들고 그중 3명을 정한다. 소리를 내지 않는 나머지 학생들은 "하나, 둘, 셋!" 하고 외치고 정해진 3명은 큰 소리로 자기가 내고 싶은 모

음을 외쳤다. 아이들의 얼굴이 화면 앞으로 바짝 당겨질 정도로 집중도가 높아졌다. 교실이었다면 뒤에 앉은 아이들은 발표하는 친구들이 잘 보이지 않았을 수도 있었을 테지만, 화면 앞에 바로 친구의 얼굴이 보이니 그 입 모양을 자세히 들여다볼 수 있었다. 교사가 강조하지 않아도 자연스럽게 친구들의 입 모양을 보고 어떤 모음인지 알아맞히는 과정에서 모양과 소리를 연결하여 스스로 공부했다.

전체 활동을 한 후에는 소모임(Breaking Room) 기능을 통해 2명씩 짝을 지어 짝 활동을 했다. 1명씩 돌아가면서 모음을 소리 내고 상대편이 알아맞혔다. 소모임이 끝난 후 어떤 아이들은 낱말에 있는 모음을 알아냈다면서 교사에게 자랑했다. 재미있는 놀이처럼 심화 학습을 자기 주도적으로 하는 모습이 흥미로웠다.

## 불가능은 없다! 친구들과 함께하는 신나는 난타 합주

**교과** 창의적 체험 활동(동아리) – 예쁘고 고운 동요 배우기
**학습 내용** 고운 동요를 배워 부르고 리듬 악기나 생활 악기로 연주하기(원격 수업+등교 수업)

창의적 체험 활동 중 동아리 활동 시간은 금요일 7~8교시 2시간 동안 진행했다. 1시간 동안은 원어민 교사 주도로 활동하고 다른 1시간은 한국인 교사 주도로 수업했다. 노랫말이 예쁜 동요를 선정하여 아이들과 함께 즐겁게 노래 부르고 익히는 시간을 가졌다. 노래를 익혀

반 친구들과 소고와 리듬 악기로 연주하는 모습

부른 후에 악기 연주도 함께 가르치고 싶었다. 학교라면 리듬 악기를 모든 학생에게 나누어주고 수업을 했을 텐데 조사해보니 가정에 리듬 악기가 없는 아이들이 꽤 있었다. 그래서 가정에서 원격 수업으로 특별히 해볼 수 있는 활동을 떠올렸다. 바로 '난타'였다. 학교라면 준비물이 너무 다양해서 시도해보기 어렵지만 가정에서 수업을 하니 아이들이 연주해보고 싶은 모든 악기들을 가져올 수 있었다. 숟가락, 젓가락, 국자, 냄비 뚜껑, 프라이팬 등이 동원된 그야말로 '난타' 공연단이 된 것이다. 아이들에게 박자치기를 가르치고 원하는 악기로 연주하도록 했다. 매일 원격 수업으로 지치기도 했던 아이들은 금요일 8교시에 신나게 난타 공연을 하면서 스트레스를 날리고 즐겁게 노래를 불렀다. 동아리 활동이 끝나고 헤어지는 인사를 하는데 갑자기 한 아이가 다급하게 큰 소리로 말을 건다.

"선생님!!! 저는요, 이 시간이 제일 좋아요! 안녕히 계세요!"

컴퓨터 화면 속 친구들과의 신나는 난타 합주, 아마 우리 반 아이들의 기억 속에 오랫동안 남을 것이다.

대면 수업을 하는 동아리 활동 시간이 되었다. 그동안 즐겁고 흥겹게 난타 연주도 하고 노래도 불렀던 아이들을 위해 이번에는 소고와 리듬 악기를 준비했다. 리듬 악기 중 탬버린, 캐스터네츠, 트라이앵글과 소고를 연주하는 방법을 지도하고, 반을 세 팀으로 나누어서 각각 다른 리듬 악기를 주고 연주하도록 했다. 그럴듯한 합주가 이루어졌고 아이들은 매우 기뻐했다. 지휘자 역할인 필자도 아이들의 웃음에 함께 즐거워했다.

---

## 온라인 수업에서의 원활한 수업 진행 Tips!

- 줌의 음 소거 기능(교사를 제외한 학생의 마이크 음을 차단)을 이용하여 집중력을 높이는 수업 진행을 할 수 있다.
- 학생이 질문이 있는 경우, 줌의 손 들기 기능을 이용하거나 화면 앞에 손을 활짝 폈다가 접어 깜빡깜빡 표시를 하면 교사가 인지하기 쉽다.
- 교사는 컴퓨터 화면 한쪽에 아이들 전체의 모습을 띄워놓고 수업을 할 수 있다.
- 학생이 과제를 완성하면 "선생님, 다 했어요!"라고 말하는 대신에 손가락으로 오케이 사인을 만들어 화면에 보이도록 약속을 한다. 학생들의 과제 완성 여부와 진행 정도를 쉽게 파악할 수 있다.

• 저학년 실천 사례 3 •

# 철저한 준비와 학부모와의 유대를 통해 함께 성장하다

초등학교 저학년 학생들과 원격 수업을 한다고 하면 '그게 되겠어? 아이들이 가만히 앉아 있을까?'라는 걱정부터 앞서기 마련이다. 게다가 본교는 저학년 학생도 고학년과 마찬가지로 9시부터 3시 25분까지 8교시 수업을 받아야 하기 때문에 이만저만 걱정이 아니었다. 그러나 싱가포르 정부 지침에 따라 원격 수업은 선택이 아닌 필수였기에 원격 수업 시간 내 학생들과의 상호 작용 방법, 원격 수업 시간 내외에서의 관계 형성, 교수 방식 등 여러 가지 요소를 고려하여 22명의 학생들이 지루하지 않게 수업에 참여할 수 있도록 효과적인 원격 수업에 대해 고민해보았다.

원격 수업은 도구와 기기를 활용하고 집중도가 저하될 수 있는 등 교실 수업과 다르기 때문에 고려해야 할 점들이 있다.

첫째, 저학년의 집중력은 길어야 15분이므로 수시로 학생들의 관심을 끌 수 있는 방법을 사용해야 한다. 예를 들어 교실에서와 같이 교사가 '2학년'이라고 외치면 학생들이 '2반'이라고 대답하는 방법, 교사가 '선생님을 보세요'나 '화면을 보세요'라고 학생들이 해야 할 것을 말하면 학생들이 '선', '화'라고 외치며 집중하는 방법 등을 사용한다. 이는 교실 수업과 크게 다르지 않다.

눈을 마주치고 상호 작용을 하는 기회가 적어 집중을 못 하는 학생이 생길 수 있으므로 수업 전 이름을 부르고 확인하는 시간을 가졌다. 또한 학생들이 수업에 몰입할 수 있도록 교사가 적절한 몸짓이나, 목소리 톤 조절 등과 함께 스토리텔링을 하기도 했다.

둘째, 학생 수를 고려해 학습량을 적절하게 정해야 한다. 같은 활동이라도 교실 수업보다 원격 수업에서 더 많은 시간이 소요된다. 이를 위해서는 교육과정을 재구성하여 학습 목표와 전달해야 할 지식 내용을 단순하게 만들어야 한다. 예를 들어 아침 인사 시간에 '주말 동안 무엇을 하고 지냈는지 말해봅시다'로 돌아가며 말하기를 할 경우 교실에서 할 때보다 시간이 많이 걸린다. 교사가 학생 전체의 소음을 제거하기 위해 '음 소거' 기능을 켜고, 발표하는 학생마다 '발표자 보기(Spotlight)' 기능을 켠 뒤 '자 이제 ○○ 학생 말해보세요'라고 발언권을 주며 22명의 이야기를 듣다 보면 어느새 30분이 훌쩍 가버린다. 2학년 학생 22명이라는 적지 않은 학생들의 참여를 이끌어낼 수 있는 쌍방향 활동이 되도록 성취 기준을 중심으로 교육과정을 재구성하여 학습량을 적정하게 만드는 노력이 필요하다.

셋째, 수업 시작 전에 학생들의 준비 정도와 기술적인 문제들을 꼭 확인해야 한다. 원격 수업을 할 때 출석 및 수업 준비도를 확인하기 위하여 교사가 직접 이름을 부르며 출석 체크를 했다. 이는 출석을 확인하는 목적 이외에 학생들의 기분을 살피고 수업 준비가 되었는지를 확인하기 위한 목적도 있다.

또한 수업 전 학생들의 접속 상태와 음질 확인 등 기술적인 부분들도 반드시 확인해야 한다. '선생님, 목소리 잘 들리니? 한 사람씩 대답해보자' 같은 질문을 던져 수업 전에 교사와 학생들의 소리가 잘 들리는지 확인 작업을 해야 한다. 줌 프로그램 접속 중 인터넷 불안정으로 학생이 화면에서 사라지는 경우를 대비해 학부모와의 단체 SNS 채팅창을 열어두고 학부모와 연락하여 문제를 해결하고 수업을 시작하는 것이 좋다.

## 교육과정 재구성으로 수업 효과를 높이다

**교과 및 단원** 2학년 통합(봄) 1. 알쏭달쏭 나
**학습 내용** 나의 태명과 태몽에 대해 이야기 나누기, 성장 흐름표 만들기

'알쏭달쏭 나'는 '나'를 주제로 학습하는 단원이다. 나의 성장 과정을 조사하고 발표하는 과정에서 나의 소중함을 깨닫게 하는 데 목적이 있다. 따라서 몸과 마음의 자람뿐만 아니라 내가 태어나기 전 나의 태몽, 태명 등을 나와 관련된 어른들과 대화하고 조사하는 것부터 시작해서 나의 변화에 대해 되돌아보면서 나의 소중함에 대해 알아보도

록 한다. 내가 태어나기도 전에 어른들이 가졌던 기대와 마음을 생각해보고 어릴 때는 혼자 할 수 없었던 일들, 달라진 변화, 달라진 관계 등을 통해 과거와 현재, 미래를 생각하며 성장 흐름표를 만들어보도록 한다. 원격 수업으로는 나의 태명, 태몽 등에 관한 이야기 및 나의 변화 과정에 대해 친구들과 이야기를 나누며 '나의 성장 흐름표'를 만들어본다. 그리고 등교 수업을 할 때 작품을 가져와 전시회를 하고 서로의 작품을 감상하며 소감을 나눈다.

저학년의 수업 몰입을 위해서는 교사가 학생 개개인의 반응을 살피며 상호 작용을 하는 것이 효과적이므로 오프라인 수업보다 더 많은 시간을 할애해야 한다. 이를 감안해 수업 목표, 수업 내용을 핵심 지식으로 구성하는 등 교육과정을 재구성하여 수업을 설계할 필요가 있다.

도입 부분에서는 수업에 대한 몰입을 위해 교사의 이야기꾼 특성을 발휘했다. 이는 핵심 내용을 정확하고 빠르게 전달하여 학습 목표와 내용을 짐작하게 하는 데 효과적이었다. 동기를 유발하기 위해 먼저 선생님의 태명과 태몽 이야기를 들려주고 학생들의 태몽과 태명에 대해 이야기를 나누었다. 자신의 탄생 스토리를 들려주고 들으며 내가 소중한 존재임을 다시 한번 확인하게 되었다. 삭막할 수 있는 원격 수업이지만 나의 탄생을 매개로 부모, 학생, 교사 모두가 접속된 느낌을 공유하며 수업을 할 수 있었다.

전개 부분에서는 '나의 성장 흐름표'를 구상하고 만들어보았다. 1학년에서 2학년이 되면서 달라진 모습을 알아보는 과정이었는데 나의 성장과 발달 과정을 알 수 있는 사진을 큰 도화지에 붙이고 설명을 적었다. 성장 흐름표를 발표할 때마다 다음과 같은 이야기를 나누며 친구의 성장 흐름표에서 변화를 찾았다.

"저는 책을 더 빨리 읽을 수 있게 되었어요."

"손발이 커지고 키도 커졌어요."

"가위질과 종이접기를 더 잘하게 되었어요."

"우와, 여러분들이 할 수 있는 행동이 많아졌네요."

두 달간의 원격 수업을 끝내고 그동안 만들었던 작품을 가져와 교실 뒤 게시판에 전시했다. 원격 수업에서 발표했던 내용을 떠올리며 다시 한번 나의 소중함 깨닫는 시간이 되었다. 원격 수업에서의 평가 관점이 태몽과 태명에 대해 자신의 감정을 표현하며 이야기하기, 성장 흐름표 만들기였다면 교실 수업에서의 평가 관점은 전시회를 감상하며 자신의 감정을 표현하며 이야기하기이다.

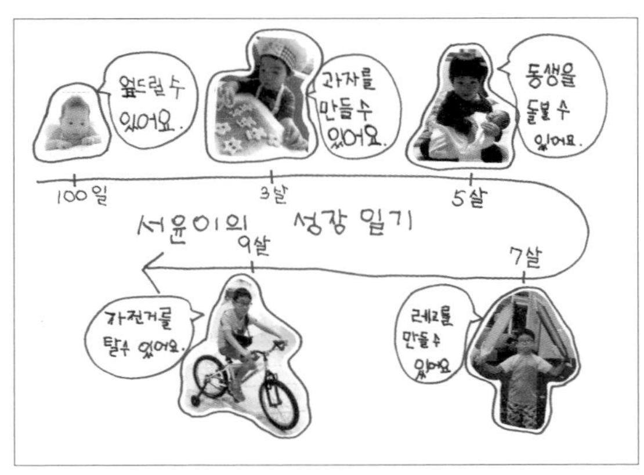


성장 흐름표

## 원격 수업의 한계를 극복하다

원격 수업 도중 학부모 상담을 위해 학부모 한 분 한 분과 통화를 하며 학생들이 가정에서 잘 지내고 있는지, 수업이나 생활을 함에 있어 어려움이 없는지를 점검했다. 줌을 통해서 수업 이해도에 관해 학생의 의견을 듣고 전화를 통한 학부모와의 상담을 통해 피드백을 받았다.

"선생님, 너무 고생이 많으세요. 힘내세요."

"학교에서 영어도 하고 중국어도 해서 어떻게 수업하는지 궁금했는데, 한국인 선생님과 원어민 선생님들이 수업하시는 모습을 보니 안심이 되었어요."

피드백을 종합해본 결과, 우려했던 것과 달리 저학년도 쌍방향 원격 수업이 가능하며 수업을 관찰하며 부모로서 옆에서 도와줄 수 있는 부분을 알게 되어 도움이 되었다는 의견과, 우려했던 것과는 달리 효과적이라는 의견이 대부분이었다. 학생들 역시 원격 수업에 흥미와 기대가 높았다. 다만 학생들의 체력과 눈의 피로도를 감안해 중간에 1주의 단기 방학 기간이 주어진 것이 도움이 되었던 것 같다.

저학년이 쌍방향 원격 수업 도구인 줌 이외에 구글 클래스룸 등을 사용하기는 어렵다. 줌이라는 도구는 2회 정도 테스트를 거친 후에 실시했는데, 학생들끼리 줌으로 미팅을 할 수 있을 만큼 다루기가 크게 어렵지는 않았다. 오히려 화면에 본인의 얼굴이 나오는 것에 매우 신기해하여 등교 수업 때보다 흥미도가 높을 때도 있었다. 다만 8교시가 진행되는 관계로 체력적으로 힘들 경우를 대비해 20분 정도에 한 번씩 간단한 스트레칭이나 체조를 함께하기도 했다.

물론 종이접기, 작품 만들기 등의 활동을 할 경우 학생들의 활동 상황을 일일이 보고 피드백을 할 수 없는 것이 아쉽기도 했다. 이를 보완하기 위해 활동을 단순화하고 학생들에게 활동의 수준을 조금 낮추어 제시했다. 예를 들어 '꿈 풍선 띄우기'의 경우 원격 수업에서는 각자 풍선을 불고 꿈을 적어 풍선을 치는 놀이를 하고, 등교 수업에서는 모둠별로 풍선을 치는 활동을 하여 보완했다.

수준별 수업에도 어려움이 있었다. 수학 시간에 '두 자릿수의 덧셈과 뺄셈'의 경우 학생이 문제를 푸는 과정이 화면에 보일 수 있도록 미리 나누어준 미니 화이트보드에 문제 푸는 과정을 적도록 한다. 교사는 한 명씩 스포트라이트 기능을 활용하여 학생의 문제 풀이 과정을 확인하고 부진한 학생을 개별 지도하기 위해 방과 후에 줌에서 따로 만나기도 했다.

원격 수업에서는 활동 과제에 대한 명확한 전달 및 흥미와 기대를 높이는 것이 중요하며 학생의 참여를 이끌어낼 수 있는 활동을 고민할 필요가 있다. 구체적인 수업 활동으로는 토의 토론, 역할극, 도전 골든벨, 퀴즈, 원격 수업 놀이 등이 있으며 이를 위해 줌의 소회의실, 손흔들기, 화이트보드 기능 등을 활용할 수 있다. 단, 원격 수업에서도 무임승차, 무기력, 본인이 원하는 활동에 대한 독점 같은 단점이 발생할 수 있다. 따라서 소회의실을 활용하여 역할극이나 끝말잇기 등의 짝활동, 모둠 활동을 할 경우 처음부터 모둠 학생의 구성에 유의해야 한다. 모둠 구성을 할 때, 줌에서 제공하는 '랜덤' 기능을 사용할 수도 있지만, 필요에 따라 미리 조와 조장을 생각하고 구성할 필요가 있다. 그리고 소회의실을 활용한 모둠 활동을 할 때, 교사가 각각의 소회의실에 직접 들어가 온라인 순시를 하는 것이 좋다. 소회의실 입장과 퇴장 시간이 1분 이내로 걸리는 것을 미리 알려주고 모둠 활동 종료 시간을 메시지로 알려줘서 학생들이 당황하지 않도록 하는 세심함도 필요하다. 하지만 한계도 있다. 이렇게 소회의실 활용으로 온라인에서 역할극이 가능하지만 전체를 대상으로 역할극을 시연하기에는 어려움이 있다. 따라서 교실 수업에서 역할극을 하는 등 보완할 필요가 있다.

• 중학년 실천 사례 1 •

# 아나바다 운동에서 알뜰 시장까지, 참여하고 직접 체험하다!

"선생님 목소리가 잘 들리는 친구들은 머리 위로 하트~!"

목요일 아침 8시 40분 출석 체크 시간. 모양과 크기가 제각각인 20개의 하트가 컴퓨터 화면을 가득 채운다.

"나 아침에 엄마가 삼각 김밥 만들어줬어. 넌 뭐 먹었어?", "이거 내가 1학년 때 산타 할아버지가 선물로 주신 인형이야. 예쁘지?", "우리 집 고양이 봐봐. 귀엽지?" 쉬지 않고 서로 이야기를 나누는 모습이 여느 교실 속 아침 모습과 다를 바 없다.

SKIS는 한국어부와 영어부 교사가 공동 담임제로 학급을 운영한다. 1학년부터 6학년까지 주당 수업 시수는 한국어부 19시간, 외국어부 21시간으로 총 40시간이다.

한 학급 안에서도 영어 레벨, 중국어 레벨, 옥스퍼드 클래스가 나뉘기 때문에, 매 수업마다 아이들이 접속해야 하는 수업 참여 아이디가

각기 다르다. 한국어부 수업은 말할 것도 없고, 외국어부 수업 시간이 되면 더 많은 문의 사항이 쉴 새 없이 몰아친다. 외국어부 수업 관련 문의 사항임에도 문의는 한국어부 담임에게 몰리는 것이 다반사이다.

대부분의 문의 내용은 수업 참여 오류와 같은 플랫폼 기능 관련 내용이다. 그래서 수업에 사용되는 플랫폼 기능을 미리 꼼꼼하게 숙지하는 것이 아주 중요하다.

문의에 답할 때에는 말로 설명하는 것보다 실행 장면을 직접 찍어 동영상으로 보내주는 것이 더욱 효과적이다.

## 아껴 쓰는 내가 자랑스러워!

**교과 및 단원** 3학년 도덕 4. 아껴 쓰는 우리
**학습 목표** 물건을 아껴 써야 하는 이유와 중요성을 알고 절약하는 생활을 실천할 수 있다(원격 수업)

아이들에게 물건을 절약해야 하는 이유와 중요성을 알게 하고, 실제로 절약하는 생활을 하고 있는지 반성하고 판단하게 함으로써 절약하는 내면의 힘을 기르고 꾸준히 실천할 수 있도록 하는 것이 이번 단원의 중점 지도이다.

교과서 내용을 읽고 아나바다 운동에 대해 아이들과 함께 이야기를 나누기로 했다. 아나바다 경험을 이야기해보자는 나의 말이 끝나기가 무섭게 화면 속에서 아이들이 사라졌다. 곧 손에 뭔가를 주렁주렁

들고 나타난 아이들의 모습이 하나둘 화면에 들어왔다. 연필꽂이로 사용하고 있다는 유산균 통, 머리핀 정리용으로 사용하고 있다는 튼튼한 과자 통, 언니에게 물려받았다는 신발, 아빠 손가락 길이보다 짧은 연필 등을 들고 왔다. 절약하는 마음을 갖고 실천하는 것이 얼마나 가치 있는 행동인지 배웠기 때문일까? 아이들의 얼굴에 자랑스러움이 가득하다.

서로의 경험을 공유하며 나름대로 알차고 즐겁게 수업을 진행했지만 아쉬움이 있었다. 참여하며 실천까지 이어지는 체험 활동을 하고 싶지만 한계가 있어 실천하지 못한 것이 내심 마음에 걸렸다. 등교 수업에서 알뜰 시장 체험 활동을 할 것이라고 예고하자 설렘으로 가득 찬 아이들의 얼굴이 반짝반짝 빛이 난다. 얼른 학교에서 만나 다양한 체험 활동을 함께 하고 싶은 마음은 교사도 아이들도 모두 한마음인가 보다.

## 알뜰 시장으로 오세요!

**교과 및 단원** 3학년 도덕 4. 아껴 쓰는 우리
**학습 목표** 물건을 아껴 써야 하는 이유와 중요성을 알고 절약하는 생활을 실천할 수 있다(등교 수업)

6월 29일, 전체 등교 수업이 시작되었지만, 코로나에 대한 우려로 각자 사용하던 물건을 가져와서 공유하는 것이 조심스러워 선뜻 시작

하지 못했다. 그렇게 시간을 보내고, 3주 남짓의 짧은 여름 방학도 눈 깜짝할 사이에 지나갔다.

8월 25일, 개학을 한 지 일주일이 지났다. 지역 감염자 수가 0명인 날이 많아졌다. 이에 힘입어 옆 반 선생님과 함께 알뜰 시장 3주 프로젝트를 실행하기로 했다. 첫째 주에는 친구들과 알뜰 시장을 열었을 때 어떤 점이 좋을지 이야기 나누며 도덕적 정서 및 의지를 강화했다. 둘째 주에는 알뜰 시장 놀이를 하기 위한 준비를 했다. 자신만의 가게 간판을 만들고, 집에서 알뜰 시장에 내놓을 물건을 가져왔다. 10센트, 20센트 등 물건에 가격표를 붙이면서 나에게 필요 없는 물건이 다른 사람에게 쓸모 있게 쓰일 것이라는 생각으로 다들 기쁨을 감추지 못했다. 셋째 주, 기다리고 기다리던 알뜰 시장이 열렸다. 먼저 우리 반

우리의 VIP 손님이 되어준 한국어부, 영어부 선생님들

내에서 판매자와 구매자로 역할을 나누어 진행했다. 합리적 소비를 위해 물건을 구입할 때 활동지에 물건 이름을 쓰고 나에게 필요한 물건인지를 O, △, X로 표시하도록 했다.

아이들이 가져온 돈은 3달러. 파는 물건들은 10센트, 20센트로 저렴하면서도 좋은 물건들이 아주 많았다. 들뜬 마음으로 이것저것 물건을 마음껏 살 것 같았던 아이들은 의외로 아주 신중하게 물건을 구입했다.

이렇게 알뜰 시장 활동이 마무리될 즈음, 깜짝 손님들이 방문했다. 다른 학년 한국어부, 영어부 선생님들이다. 선생님들은 우리 아이들에게 기꺼이 VIP 손님이 되어주었고, 물건을 많이 팔지 못했던 몇몇 아이들의 얼굴에도 웃음꽃이 활짝 피었다.

## 어디 있나? 여기 있다!

**교과 및 단원** 3학년 미술 3. 오늘의 날씨
**학습 목표** 10색상환을 통해 색과 색의 느낌을 알고, 날씨와 어울리는 색의 느낌을 이야기할 수 있다.

《점과 선이 만나면》이라는 책을 읽어주며 수업을 시작했다. 그림책을 읽어줄 때마다 화면 속에는 새로운 얼굴들이 등장한다. 바로 우리 반 아이들의 어린 동생들이다. 체육 시간, 음악 시간, 미술 시간마다 함께 수업을 받는 제2의 3학년 1반 멤버들이다.

종이접기 활동으로 색상환을 만든 후, 색의 느낌에 대해 이야기를 나누어보았다.

"선생님, 제 베개 좀 보세요. 빨간색이라서 따뜻한 느낌이에요."

한 친구의 말이 끝나기가 무섭게 말릴 새도 없이 너도나도 집 탐험을 하러 나선다. 상세한 설명을 하기 위해 아이들의 이름을 애타게 불러보지만 이미 화면 속엔 아이들의 빈 의자만 남아 있다. 곧 아이들의 손에 하나둘씩 무엇인가가 들려 있다.

"제가 제일 좋아하는 인형이에요. 초록색이라서 따뜻한 느낌이에요."

"이건 우리 아빠 헤드셋인데 파란색이라서 차가운 느낌이에요."

이렇게 아이들이 집 안 곳곳에서 수업 관련 물품을 가져와서 함께 수업을 만들어나갈 때마다 원격 수업 속에서도 살아 있는 교육을 느낀다.

이번에는 내가 에어컨 리모컨을 예시로 보여주었다.

"선생님 집에 있는 에어컨 리모컨이에요. 이렇게 청록색 버튼과 주황색 버튼이 있죠? 색상환에서 보면 두 색깔은 서로 마주 보고…."

보색 대비에 대한 설명을 이어나가고 있는데 또다시 사라졌다가 금세 나타난 아이들. 아이들의 손에는 에어컨 리모컨이 하나씩 들려 있다.

교사의 유연함이 필요한 순간이다. 아이들이 즐거워하는 포인트를 잡아낸 후, 다 함께 색깔 찾기 놀이를 시작했다. "따뜻한 느낌~!" 나의 외침이 채 끝나기도 전에 화면 속에서 아이들의 얼굴이 사라졌다. 대

'우리집 에어컨 리모컨에도 색상 차이가 큰 버튼들이 있어요!' 수업 장면

신 집 안 곳곳을 살피고 다니는 즐거운 아이들의 목소리가 컴퓨터를 통해 울려 퍼졌다.

마주 보는 색 즉, 색상의 차이가 큰 색들의 특징과 느낌을 제대로 설명한 것은 등교 수업 때이다. 우리는 보색을 이용한 예를 찾아보기로 했다. 교실 뒤편에 가득 쌓여 있는 보드 게임 조각들, 도서관에서 유난히 눈에 띄는 책들. 생각보다 아주 가까운 곳에서 많은 예를 찾을 수 있었다.

## 제2의 교실이자 놀이터 '줌'

"선생님, 줌 끄지 말고 1시간만 놔두시면 안 돼요? 친구들이랑 더 놀고 싶어요."

수업을 마치려는데 아이들이 간절한 목소리로 외친다. 서킷 브레이크 때문에 가족이 아닌 다른 사람들과는 접촉을 할 수 없는 시기였다. 혹시라도 적발되면 많은 벌금을 내거나 싱가포르에서 강제 추방을 당할 수 있었기에 온라인을 통해서라도 친구들과 소통을 하고 싶은 것이었다.

수업을 마친 지 한참이 지났지만 20명의 아이들은 화면 속에서 그대로 자리를 지키고 있다. 간식을 먹으며 서로 자랑도 하고, 형제자매들을 데려와서 소개시켜주기도 한다. 가끔은 이 공간을 이용해 학부모님들끼리 서로 안부를 주고받기도 했다.

'Zoom G3-1' 온라인 공간이지만 수업을 통해 지식을 나누고, 서로 간의 안부를 물으며 따뜻한 정을 나눌 수 있었던 제2의 교실이자 놀이터였다.

2020년 9월 6일. 아직도 모일 수 있는 인원수가 제한되어 있고, 확진자 수가 조금씩 줄어들고 있지만 여전히 안심할 수는 없다. 그래도 매일 학교에서 아이들과 눈을 맞추고 서로의 체온을 느낄 수 있음에 감사한다.

• 중학년 실천 사례 2 •

# 즐거운 수업을 위한 발상으로 한계를 뛰어넘다

등교 수업과 원격 수업을 오가며 진행해야 했기에 3학년의 발달 과정이나 원격 수업 집중도, 흥미 유발 방법 등을 다시 고려해야 했다. 원격 수업의 강점과 등교 수업의 강점이 반영된 수업 방법이 무엇일까를 고민하며 재구성을 시작했다. 각 교과별 단원 및 수업 차시를 확인하여 통합 가능한 목표나 묶을 수 있는 내용이 있는지, 실시간 대면 수업에 보다 적합한 차시가 있는지 등을 살펴보고 단원 개관을 구성했다. '가정'이라는 공간을 활용할 수 있는 활동들로 수업 내용을 바꾸고, 가급적 해당 차시 내에 과제를 완수하여 친구들과 공유하고 소통할 수 있는 시간을 많이 가질 수 있도록 학습 내용을 명료하고 단순하게 조직했다. 또 콘텐츠 활용 수업, 거꾸로 학습, 과제형 수업도 실시간 수업과 함께 운영하며 주어진 학습이 아닌 스스로 찾아가는 학습의 재미를 느낄 수 있도록 구성해보았다. 자석, 색종이 등 교과 학습 자료와 연산학습지를 학생들에게 배부하고 나니 어느새 생애 첫 '원격 수업'이 나를 맞이하고 있었다.

## 원격 수업의 장점으로 깊어진 가족의 사랑

**교과 및 단원** 3학년 도덕 3. 사랑이 가득한 우리 집
**학습 내용** 다양한 가족 구성 알기(등교 수업)+행복한 가정 만들기 실천하기(원격 수업)+가족의 문제 해결하기(등교 수업)+감사의 마음 전하기(원격 수업)

3단원에서 다루고자 하는 가치 덕목은 '효', '우애'이다. 가족들과 함께 하는 '집'이라는 공간을 활용하여 가정과 연계한 활동으로 운영해보았다. 등교 수업을 통해 나와 가까이 있는 친구의 가족 이야기를 들으며 정서적 공감을 통해 다문화 가족, 한부모 가족 등 여러 모습의 가족이 있음을 알아보았다. 그리고 다름을 차별이 아닌 차이로 이해하고 존중하는 태도를 가져보는 시간으로 채웠다. 2차시 수업은 가족이 듣고 싶어 하는 말을 주제로 한 생생 인터뷰를 통해 하트 종이접기로 가족 공감 이름표를 만들어 따뜻함을 공유하는 시간으로 진행했다. 서킷 브레이크로 온 가족이 함께 있어 현장 인터뷰가 수월했다. 교사의 설명이 끝나자마자 숟가락 마이크를 찾아 들고 가족들의 인터뷰를 마친 친구들의 얼굴엔 함박웃음이 가득했고, 한동안 줌은 수다방이 되었다. 3차시는 교실에서 모둠과 함께 각자 조사한 가족의 문제를 이야기해보고 갈등을 올바르게 해결하는 방법을 찾아보았다. 4차시는 '보

물 찾기' 놀이를 활용했다. 가족들에게 감사의 마음을 담은 편지를 쓰고, 화장대나 서랍, 옷장 안, 자주 쓰는 물건 등 가족들이 자주 이용하는 공간에 감사 편지를 숨겨 두어 '사랑'이라는 보물을 찾아 마음을 주고받는 실천 다지기 활동으로 마무리해보았다.

교실에서는 배운 덕목에 대한 실천 과제 점검을 가정에서 꾸준히 실천했는지 학생들의 체크 리스트에 의존할 수밖에 없었다. 그런데, 이번 3단원 학습은 온라인과 병행하면서 오히려 더 효과적인 수업이 될 수 있었다. 배운 덕목을 실천하는 장소가 학교와 떨어진 가정이라는 공간적 단절감, 교실에서 다진 실천 의지가 하교하면서 잊히는 시간적 단절감이 해소되었다고 해야 할까? 아이들은 자신이 적용한 도덕적 가치에 대해 가족들로부터 즉각적인 피드백을 받음으로써 앞으로 바람직한 행동을 실천해나가겠다는 큰 동기를 부여받은 것 같았다.

## 영상과 구글 지도를 이용한 내 고장 찾기!

**교과 및 단원** 3학년 사회 1. 우리 고장의 모습
**학습 내용** 고장 모습 살펴보기(등교 수업, 원격 수업)+백지도 그리기(등교 수업)+고장 카드 만들기(등교 수업)

"부킷판장이요! 주롱이요, 주롱! 아니요, 거기 말구요! 여기요, 여기! 우리 집도 찾아주세요!"

거기, 여기, 요기, 조기… 아이들은 자신이 알고 있는 것을 모두 외

치겠다는 듯 콘도와 건물 이름, 고장 이름 등을 대며 지도를 살피느라 여념이 없다.

1단원 사회과 수업을 통해 아이들은 자신을 중심으로 펼쳐지는 우리 고장의 여러 장소를 떠올려보고 그 모습을 그려보며 고장에 대한 느낌과 다양한 정보를 범주화한다. 디지털 영상 지도를 살펴보고 백지도에 나타내보며 우리 고장과 그 안에서 살아가는 '나'를 이해하는 것이다. 이에 수업은 한국과 다른 모습을 가진 싱가포르에 거주하고 있는 상황을 고려하여 싱가포르와 한국을 접목시켜 구성해보기로 했다. 싱가포르에 오기 전 살고 있던 고장의 모습을 통해 마을을 이해하고, 이해한 바를 싱가포르에 적용해보는 과정으로 재구성했다.

'우리 고장의 모습' 원격 수업 장면(위)과 아이들이 함께 만든 '우리 고장 지도'(아래)

교실에서는 한국에서 살던 고장의 모습에 대해 이야기를 나누었다. 할머니 집, 이모 집, 우리 집, 친구 집, 그리고 우리 동네… 큰길을 건너고 강도 건너고 뒷산도 올라보며, 아이들은 연신 이야기꽃을 피우며 추억에 젖는다. 3학년 친구들이 담아내는 그리움이 깊기도 하다. 자연스럽게 싱가포르와 연결지어 같은 점, 다른 점을 짚어보며 다양한 주제로 싱가포르의 고장 모습과 장소를 그려본다. 내가 좋아하는 장소, 우리 집 주변 지도, 내가 가본 곳, 지나면서 본 건물 등 각자 그린 여러 장의 그림들을 보며 고장에 대한 생각과 느낌을 정리해보고, 디지털 영상 지도를 이용해 고장의 모습을 살펴보았다. 원격 수업 시간을 활용해 자기가 살고 있는 고장의 모습을 구글 지도로 직접 찾아보고, 소개하고 싶은 장소를 정해 정보를 수집했다. 콘도 놀이터, 수영장, 마리나베이샌즈 호텔, 센토사, 주롱 새 공원(bird park)까지 싱가포르의 관광지를 모아놓은 듯 여러 그림들이 줌 화면을 가득 메웠다. 교실로 돌아와 백지도에 여러 고장을 그려 넣고, 온라인 수업을 통해 만든 고장 카드를 붙여 거대한 섬 싱가포르를 교실 뒷벽으로 불러들였다.

블렌디드 러닝을 통해 교실과 온라인 사이를 오가며 진행한 고장 수업은 학생의 흥미를 자극할 뿐만 아니라 정보 찾기 기능, 자기 주도적 능력 신장, 사회적 소통 능력을 효과적으로 키울 수 있는 수업이었다.

## 내 친구 에봉이를 소개합니다

**교과 및 단원** 3학년 과학 3. 동물의 한살이
**학습 내용** 배추흰나비 한살이(원격 수업)+여러 가지 곤충의 한살이(원격 수업)+동물의 한살이 전시회(등교 수업)

"으악, 무섭게 생겼다!"

친구들이 기르고 싶다며 내민 사진 속 '타란툴라'를 보며 여학생들은 연신 비명을 질러댄다. 3학년 동물의 한살이 단원은 동물이 나고 자라는 한살이 과정을 관찰함으로써 생명의 연속성을 이해하고 생명에 대한 경외감을 갖고 과학적 탐구력을 기르도록 하는 단원이다. 이를 위해 원격 수업으로 관찰 계획서 쓰는 방법, 사육상자 만드는 방법 등을 배우며 플립 러닝을 활용해보았다. 아직 구글 클래스룸 조작이 미숙한 3학년이기에 부모님의 도움을 받기로 했다. 왓츠앱(WhatsApp)[01]을 통해 배추흰나비 외 여러 곤충들의 한살이 과정을 미리 살펴보도록 과제를 안내했다. 직접 사육하며 한살이 과정을 체험해보면 더할 나위 없이 좋겠으나 영상으로 대체할 수밖에 없어 거꾸로 수업을 통해 여러 곤충들의 한살이 과정에 대해 먼저 학습하도록 했다. 그리고 원격 수업을 시작하며 관련 질문과 지식을 나누었고, 이는 자연스럽게 수업에 대한 동기 유발로 이어졌다. 줌 화면 공유 기능을 활용하여 영상을 살펴보았다. 작년에 사육하며 찍어두었던 영상에 생생한 사육 현장 소식을 겸하여 전하니 아이들은 부러움과 아쉬움, 신기함이 가득 담긴 표정으로 더 집중하는 듯했다. 배추흰나비를 직접 사육해 관찰할 수 없는 아쉬움은 집에서 키우고 있거나 키우고 싶은 애완동물을 한살이 과정과 함께 소개하도록 했다. 선물로 장수풍뎅이 사육 세트를 받았다며 흙 속 애벌레 사진을 카메라에 가까이 대며 '에봉이'라고 이름 지은 연유를 설명하는 아이, 아빠의 애완동물이라

01 싱가포르 현지에서 주로 활용되는 대화 메신저. 우리나라의 카톡과 기능 및 활용도가 유사하다.

아이들이 만든 '동물의 한살이' 작품들

며 거북이 '부기'를 소개하는 아이, 고양이를 키우고 싶은데 허락해주지 않는다며 울상을 짓는 아이 등 사연이 각양각색이었다. 곤충의 한살이 과정에서 여러 동물이 나고 자라는 한살이 과정으로 자연스럽게 지식의 확장이 일어나고 있는 장면이었다. 다양한 동물을 접하는 직접적인, 그리고 간접적인 경험은 동물 박사 친구들의 호기심을 수업으로 돌리는 데 애를 먹을 정도로 강렬했다.

마무리는 조작 활동을 가미해보았다. 가정에 있는 휴지심 등 폐휴지를 활용하여 동물의 한살이 과정을 담은 작품을 만들고, 친구들의 설명을 들으며 중간중간 정리 설명을 곁들여 단원 정리 과정으로 활용했다. 교실로 돌아와 동물 한살이 전시회를 열어 화면 속에서 본 여러 동물의 한살이 작품을 함께 살펴보며 수행평가를 마무리했다.

## 음악 감상으로 학습과 힐링, 두 마리 토끼를 잡다

**교과 및 단원** 3학년 음악 1. 마음을 열며
**학습 내용** 제재곡 살펴보기(플립 러닝)+〈사계〉 중 '봄' 감상(원격 수업)+관련 음악 감상하기(원격 수업)

어느새 온라인 수업이 한 달 넘게 진행되고 있었다. 원격 수업도 등교 수업과 같은 시간으로 운영함에도 불구하고 진도 나가기에 빠듯한 느낌이다. 코로나 확산을 막기 위해 온 세상을 정지시켜 놓은 듯 집에만 있어야 하는 답답함은 더해만 간다.

'하루 종일 조그만 모니터를 보며 여러 교과를 소화해나가고 있는 우리 친구들의 피로를 씻어주고, 힐링의 시간을 만들어줄 수 있는 따뜻하고 밝은 기운을 주는 음악이 없을까?'라는 생각과 함께 지도서를 뒤적거리던 차에 '상황이나 이야기 등을 표현한 음악을 듣고 느낌 발표하기'라는 문구가 눈에 들어온다. 3~4학년군 음악과 감상 영역의 성취 기준이다. 제재곡을 살펴보니 비발디가 작곡한 〈사계〉 중 '봄'이다. 감상 영역을 블렌딩하

〈사계〉 감상 원격 수업 모습(위)과 학생들이 만든 미니 감상북(아래)

여 '학습'과 '힐링'이라는 두 마리 토끼를 잡아보기로 했다. 먼저 작곡가 및 감상곡에 대한 설명 및 관련 영상은 과제를 통해 미리 학습하게 하고, 원격 수업에서는 미니 감상북을 만들며 편안한 자세로 음악을 듣는 데 집중했다. 기대 이상으로 우리 꼬마 친구들은 평온해했고, 다시 듣기를 요청하며 감상북에 자신의 느낌을 다양한 도구들로 자유롭게 표현하기 시작했다. 악기에 따른 음색, 빠르고 느림, 높고 낮음, 셈여림, 소리의 어울림 등 차분한 분위기와는 대조적으로 음악을 들으며 적었던 단어들이나 느낌을 적극적으로 공유했다. 다시금 활력을 찾은 느낌이었다. 아이들은 또 다른 채움에 대한 바람을 담아 다른 계절의 곡에 대한 느낌을 묻기 시작했고, 〈사계〉와 관련된 자료 및 계절과 관련된 우리나라의 음악 자료 찾아보기를 과제 학습으로 부여했다. 음악 시간 외 창의적 체험 활동 시간과 연계하여 메이킹북을 활용한 음악 감상집을 만들고, 3학년 감상 제재곡을 들으며 다양한 방법으로 자유롭게 느낌을 표현해 포트폴리오를 만들어 수행평가로 연계해보는 것도 좋을 것 같다.

## 괴로운 '도전' vs 즐거운 '발상'

코로나로 인한 갑작스런 변화로 20년이 넘도록 교실이라는 공간에서 수업을 진행해왔던 나에게 온라인 수업은 괴로운 '도전'으로 시작되었다. 하지만, 원격 수업과 등교 수업을 오가며 점차 즐거워지는 수업 '발상'을 하게 되는 나를 발견하며, 미래를 준비하는 마음은 가벼워졌다. 짧은 시간을 두고 두려움을 가진 채 동료들과 서로 강사가 되어 만들어가는 연수를 진행하고, 다양한 아이디어를 공유하며 블렌디드 러닝으로 수업을 재구성했던 과정들은 팀 빌딩을 통해 이겨낼 수 있다는 성취감을 주었고, 답답하고 힘들었던 서킷 브레이커 기간만큼 동료들과의 신뢰는 깊게 쌓여갔다.

전면 등교 수업으로 싱가포르는 제자리를 찾아가고 있다. 이제 우리는 코로나19와 같은 급변하는 상황에 단순히 '대비하는' 교사가 아니라 학습자가 다양한 매체를 직접 다루고, 시간·공간에 제약을 받지 않고 스스로 필요한 학습을 할 수 있으며, 교실 수업을 통해 협업과 소통, 실험 실습, 사회적 활동을 하며 학생 스스로 역량을 키울 수 있도록 수업을 디자인하는, 변화를 '다스리는' 교사로 거듭나기 위한 두 번째 걸음을 시작하고 있다.

학생들이 교사에게 보내는 감사 메시지

• 중학년 실천 사례 3 •

# 온라인으로 더 큰 세상을 만나다

블렌디드 러닝은 말 그대로 등교 수업과 원격 수업이 잘 혼합된(blended) 교육이다. 결국 하나의 수업을 의미한다. 하나의 성취 기준, 하나의 수업 주제로 연결된 수업이다. 연결 고리만 잘 만들어주면 아이들은 그 고리를 넘나들며 누구보다 자유롭게, 누구보다 재미있게 수업에 참여한다. 어쩌면 블렌디드 러닝은 학교 안과 밖을 자연스럽게 이어주는 고리 역할을 하는지도 모른다.

처음에는 이 고리를 잇는다는 것 자체가 막막했다. 등교 수업에 적합한 수업, 원격 수업에 적합한 수업을 고르기에 바빴다. 하지만 원격 수업 기간이 길어지면서 수업 순서를 조정하고 생략하는 것에는 한계가 있었다. 그래서 '이건 안 되겠네?'가 아니라 '한번 해볼까?'라는 생각으로 수업 준비를 다시 하기 시작했다. 생각을 바꾸니 모든 것이 달라졌다.

교과서가 없어도 자료가 없어도 가능한 일들이 꽤 많았다. 오히려 더 풍부한 수업이 가능했다. 수학 시간, 표와 그래프에서 올림픽이 등장하면 올림픽 개막식 영상을 함께 감상했고, 눈이 지칠 때는 함께 눈을 감고 명상의 시간도 가졌다. 그저 물 흐르듯이 수업 흐름을 이어가니, 원격 수업이든 등교 수업이든 수업 형태는 사실 아무런 문제가 되지 않았다. 완벽하지 않지만 그 자체로 소중한, 소소한 수업 이야기를 나누어본다.

## 아름다움에 눈을 뜨다

**교과 및 단원** 4학년 도덕 3. 아름다운 사람이 되는 길
**학습 내용** 아름다움의 중요성 및 의미 알기(등교 수업)+아름다움을 실천하고 발표회로 나누기(원격 수업)

"아름다움이란?"

"참된 아름다움은 무엇일까요?"

교실에서 아이들과 함께 이야기를 나누었다. 외면이 아름다운 사람, 내면이 아름다운 사람, 정말 아름다운 사람은 어떤 사람일까? 오드리 헵번의 이야기를 들으며 각자가 생각하는 '아름다운 사람'을 떠올렸다. 그리고 그 생각은 원격 수업으로 이어졌다.

"여러분, 우리 주변에는 아름다운 것들이 참 많아요. 사진으로 찍어서 보내줄래요?"

교사의 주문에 엄마가 만들어주신 맛있는 스파게티, 예쁜 여동생의 모습, 베란다 밖 풍경 등 다양한 사진들이 과제방(카카오톡 오픈 채팅방)에 올라왔다.

"선생님! 생각보다 제 주변에 아름다운 것들이 정말 많았어요!"

친구들의 사진을 보면서 아이들은 아름다움에 흠뻑 빠졌다.

다음은 아름다움을 주제로 시를 짓는 시간!

"이번 시간에는 '아름다움'을 주제로 시를 지어봅시다."

비디오를 잠시 끄고 시 쓰기 시간을 가졌다. 그리고 올라온 아이들의 작품! 혼자 보기에 너무 아까운 주옥같은 작품들이 정말 많았다. 아이들이 이런 생각을 하고 있었다니 그저 놀라웠다. "감동적인 시들이 너무 많네요. 이 시들을 모아서 우리 반 마음 시집을 만들어볼게요." 그래서 탄생한 시집이 바로 〈아름다운 마음 시집〉이었다.

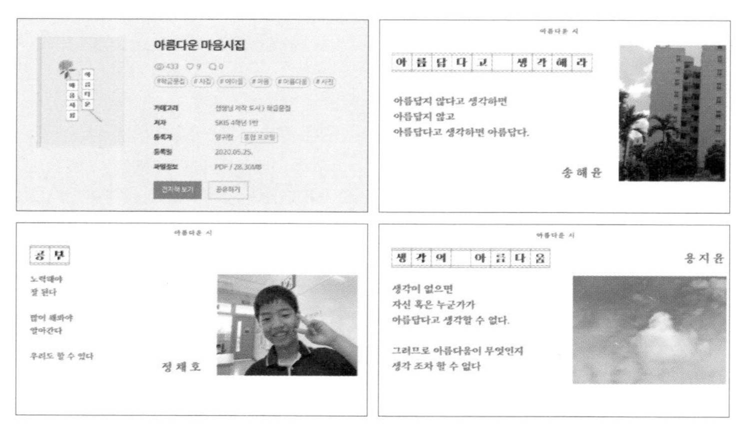


도덕 시간에 만든 〈아름다운 마음 시집〉

'재능 나눔 발표회' 포스터와 학생들이 재능을 나누는 모습

그리고 대망의 마지막 시간! 아름다운 세상을 위한 '재능 나눔 발표회' 시간을 마련했다. 원격 수업 발표회는 처음이었다. '가능할까?' 싶었던 일들이 다 가능했다. 아이들은 보다 따뜻한 세상, 코로나19로 힘쓰시는 의료진들을 위해 자신들의 작은 재능을 나누기로 했다. 감미로운 리코더, 바이올린, 피아노 연주, 신기한 마술쇼, 멋진 미술 실력까지! 나누는 기쁨이 이렇게 클 줄이야! 아이들은 신이 나서 즐겁게 참여했다. 부모님이나 다른 교사들도 줌 수업에 들어와서 현장의 기운을 충분히 만끽했다. 이렇게 우리는 아름다움에 눈을 뜨고 아름답게 살아가기로 다짐했다.

## 역사적 인물! 줌에서 만나고 학교에서 만나고

**교과 및 단원** 4학년 사회 2. 우리가 알아보는 지역의 역사
**학습 내용** 역사적 인물 조사하고 발표 자료 만들기(원격 수업)+역사적 인물 소개하기(등교 수업)

"특명! 역사적 인물을 조사하라!"

역사적 인물을 조사하고 발표하는 수업은 모두 모둠 활동으로 이루어졌다. 먼저 구글 클래스룸을 이용해서 하나의 구글 문서를 공유하면서 함께 조사 계획서를 작성했다. 어떤 인물을 조사할지, 누가 어떤 역할을 맡을지 아이들끼리 신이 나서 이야기를 나누기 시작했다.

"우리는 '유관순'으로 하자!" "그래, 그럼 나는 발표 자료를 만들게." "그럼 나는 자료 조사를 더 해볼게."

조사 계획서를 완성한 모둠들은 바로 역사적 인물 조사 활동에 들어갔다. 수업 중 줌 소회의실 기능을 활용해서 모둠 활동을 하기도 하고 일과 후에 학생들 스스로 줌 회의를 열어서 모둠 활동을 이어가기도 했다. 처음 하는 원격 모둠 활동이었지만 아이들은 어쩌면 교실보다 더 활발하게 모둠 활동에 참여했다.

그리고 등교 수업 당일! 아이들은 정말 알차게 발표를 준비해 왔다. 태조 이성계를 소개하기 위해 만 원(권) 지폐 모형을 인쇄해서 온 모둠, 유관순을 소개하기 위해 한복을 입고 태극기를 흔드는 영상을 촬영한 모둠, 친구들을 위해 퀴즈와 상품을 준비한 모둠 등 아이들의 능력이 정말 무궁무진함을 느꼈다. 어디서 저렇게 좋은 아이디어들이 나

올까? 아이들은 누구보다 자연스럽게 온라인과 오프라인을 오가며 이미 블렌디드 러닝에 푹 빠져 있었다. 이렇게 우리는 실감 나는 인물 소개 발표를 마지막으로, 2단원 사회 수업을 마무리했다.

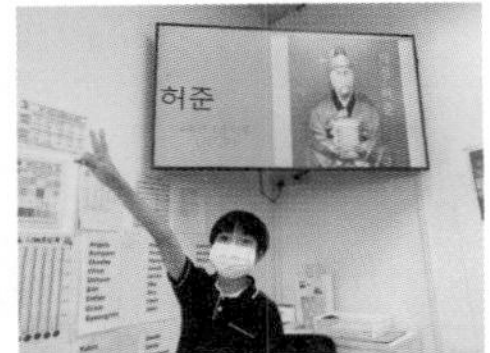


역사적 인물 발표 시간

## 음악 동아리, 온라인으로 더 큰 무대에 서다

**교과 및 단원** 창의적 체험 활동(동아리 활동)
**학습 내용** 파트별 노래 연습(등교 수업)+함께 부르기(원격 수업)+전교생 앞에서 발표하기(원격 수업, 등교 수업)

매주 금요일 7·8교시에는 반별 동아리 활동 시간을 가졌다. 1학기 마지막 날 노래 공연을 하기로 정하고 노래 연습을 시작했다. 동요도 배우고 작은 합창곡도 배워나가다가 쌍방향 온라인 수업으로 수업 형태가 바뀌었다. 공간은 달라졌지만 노래 연습은 계속되었다. 그러던 중 하나의 아이디어가 떠올랐다. 코로나19 극복 응원 영상을 만들어 보기로 한 것이다. 노래 소절을 나눠주고 각자 집에서 촬영한 영상을 과제방에 올리도록 했다. 그리고 그 영상들을 하나로 모으니 하나의 작품이 되었다. 그래서 탄생한 영상이 '슈퍼스타 함께 부르기'이다. 아이들의 넘치는 끼와 재능이 돋보이는 영상이다. 함께했기에 가능한 일이었다.

덩달아 영어 선생님 시간에도 영상을 만들었다. 긍정적인 마음을 담은 'Happy 영상', 볼 때마다 미소가 지어진다. 우리들만의 참 재미있는 추억이 생겼다. 교실로 돌아온 우리는 언제나처럼 동아리 활동 시간만 되면 노래 연습을 했다. 그리고 1학기 마지막 날, 줌 온라인 조회 시간에 우리 반 영상을 전교생 앞에서 재생했다. 왠지 모를 뿌듯함이 우리 반 모두의 마음속으로 스며들었다.

동아리 활동 영상

• 고학년 실천 사례 1 •

# 온라인 수업 프로그램과 코딩 배우기

온라인 수업이 시작되고 학생들은 온종일 컴퓨터 앞에 앉아 있어야 했다. 하루 종일 학생들이 컴퓨터 앞에 앉아서 수업을 집중하기는 쉽지 않다.

"어머님, 저번에 말씀드렸던 A의 수업 집중 문제 때문에요. 오늘 그런 일이 또 생기면 잠시 A의 컴퓨터에 원격 접속을 해도 될까요?"

A 학생의 어머님께 전화를 걸었다. A는 수업 시간에 집중하는 데 어려움을 느낄 때가 있지만 심성도 곱고 그림도 잘 그리는 학생이다. 얼굴을 마주칠 수 있는 교실에서는 부드럽게 알려주면 금세 다시 무엇을 해야 하는지 깨닫곤 하던 아이였다. 그러나 원격 수업을 시작하자 A는 카메라를 꺼두거나 위로 올려 이마만 보이도록 했다. 물론 수업을 할 때 중간중간 집중은 잘하는지, 수업에 잘 따라오는지 체크하기 위해 과제나 인증 사진을 제출하도록 했다. 하지만 이 또한 접속이

잘 안 된다는 이유로 제대로 참여하지 않았다.

따로 줌에서 만나 두 번이나 타이르고 얼러도 보았지만 소용이 없었다. 원격 수업이 진행될수록 누적되어갈 학습 결손이 걱정되었다. 결국 크롬 원격 접속 프로그램으로 A의 컴퓨터에 접속했다. 다른 사이트에 접속을 안 했다고 잡아떼던 아이의 표정이 싹 변했다. 짐작은 했지만, 접속 기록에 컴퓨터 오락 사이트 첫 화면이 떡하니 떴다.

"누구나 실수를 하니까 이번에는 괜찮아. 하지만 선생님은 A가 수업에 집중해서 참여하는 모습을 보였으면 해. 선생님이 너의 온라인 접속 기록을 볼 수 있는 프로그램을 깔아둔다면 A가 수업에 조금 더 집중할 수 있을 것 같은데, 괜찮겠니?"

부모님과 미리 의논한 다음 A에게 허락을 구했다. 결과는 대성공이었다. 그 일 이후로 A는 수업 시간에 매우 집중하는 모습을 보였다.

A와 같은 경우 갑작스러운 원격 수업으로 사전에 수업에 참여하는 태도 및 하지 말아야 할 행동에 대해 미처 안내하지 못해 벌어진 일이라고 생각된다. 따라서 원격 수업 전에 원격 학습 시 지켜야 할 수업 태도 및 온라인 학교 폭력 예방 지도가 이루어져야 하며, 원격 수업 중이더라도 수시로 피드백을 줄 수 있어야 한다.

또한 원격 수업과 등교 수업을 함께 병행하며 피드백을 줄 수 있는 블렌디드 러닝에서는 시스템 분야의 준비도 필요하다. 학생들이 수업을 받는 동안에 필요 없는 프로그램 작동을 줄일 수 있는 보조 프로그램 활용 마련이 필요하다.

## 도전! 원격 수업으로 코딩 가르치기

**교과 및 단원** 창의적 체험 활동(동아리) – 마이크로비트를 활용한 온도계 만들기
**학습 목표** 입력 개념을 이해하고 온도 센서를 이용해 온도계를 만들 수 있다.

각각의 원두가 지닌 특성을 적절하게 배합하여 균형 잡힌 맛과 향기를 내는 커피 블렌딩! 그렇다면 컴퓨터 활용 능력이 떨어지는 이 아이들에게 최적의 교육 블렌딩 배합은 무엇일까? 온라인 수업이 지닌 특성을 잘 살릴 수 있는 교과는 무엇일까? 생각 끝에 학습을 하는 데 도움이 될 수 있는 유용한 프로그램 활용 방법과 코딩까지 온라인으로 가르쳐보기로 했다.

마이크로비트는 영국 BBC가 만든 피지컬 컴퓨팅 도구이다. 기존의 피지컬 컴퓨팅 도구 중 가장 쉽고 안전하다고 평가되고 있으며, 가격 또한 저렴한 편이다. 별다른 센서를 구입하지 않고도 마이크로비트를 사용하여 실생활에 관련된 여러 가지 코딩 체험 학습이 가능하다. 학생들에게 마이크로비트를 하나씩 빌려주고 스크래치와 마이크로비트를 동아리 시간 동안 지도했다.

코딩 수업의 절차는 다음과 같다.

| | |
|---|---|
|  | 1. '마이크로 비트와 함께 떠나는 컴퓨터 과학 탐험' 사전에 시청하기 |
|  | 2. 전체 활동 : 줌 화면 공유를 통해 수업 시간 활동 안내 및 주의점 지도 |
|  | 3. 수준별 그룹 활동<br>가) 이해를 잘하는 학생들은 소그룹으로 묶어 프로그래밍 심화 활동하기<br>나) 잘 모르는 친구들은 교사와 함께 차근차근 따라 하기<br>다) 그래도 잘 안 되는 친구들은 크롬 원격 지원받기 |
|  | 4. 자신의 작품 과정을 플립그리드에 동영상으로 찍어 올리기<br>가) 기본 프로그래밍 활동 녹화해서 올리기<br>나) 선생님의 심화 미션을 해결해보고 싶은 친구는 자신만의 방법으로 프로그래밍해서 플립그리드에 올리기<br>다) 서로의 작품에 피드백 주기 |
|  | 5. 더 공부하고 싶은 사람 모여라(스터디 모임)<br>마이크로비트를 넘어 더 깊이 배우고 싶은 친구들은 스크래치 프로그램 강좌를 듣고 배우도록 했다. EBS의 헬로(Hello) 소프트웨어 프로그램 강좌는 기초부터 컴퓨터 용어 전반을 차근차근 설명하여 학생들이 매우 좋아했다. 심지어 소개한 지 일주일도 안 되어서 다 시청한 친구들도 3명이나 있었다. 자신의 흥미 정도에 따라 자기 주도적으로 심화시킬 수 있는 원격 교육의 장점을 체감할 수 있었다. |

### 첫 번째 단계 : 스스로 공부하자! 사전 학습 영상 시청

먼저 학생들은 '마이크로비트와 함께 떠나는 컴퓨터 과학 탐험'을 사전에 시청했다. 코딩 경험이 전혀 없었지만 사전에 영상을 보고 따라함으로써 수월하게 본 수업 활동을 진행할 수 있었다.

### 두 번째 단계 : 전체 활동 다 같이 다 같이, 줌으로 수업 활동 안내

줌을 통해 수업 활동의 개요 및 주의점을 안내했다. 기본적으로 꼭 알아야 할 코딩 개념을 지도하고, 학습 목표를 명확히 함으로써 성취 목표를 달성할 수 있도록 지침을 내려주는 과정이었다.

### 세 번째 단계 : 관심사가 같은 학생끼리 뭉쳐라! 수준별 그룹 활동

전체 수업 후 미리 공부를 많이 한 학생들은 소그룹으로 묶어 직접 프로그래밍하고 발표할 수 있도록 했다. 반면에 프로그램 사용에 익숙하지 못한 친구들은 함께 활동하거나 원격 지원을 해주었다. 예를 들어 수업 초반에 줌에서 나의 시연을 보고도 마이크로비트에 파일을 저장하는 방법을 어려워하는 친구가 있었다. 그런 경우에는 개별로 구글 원격 프로그램을 이용해 방법을 알려주었다. 이런 과정이 교사로서 수월하지는 않았지만 학생은 컴퓨터 원격 조정 프로그램도 배웠다며 뿌듯해했다. 역시 위기는 기회였다.

**네 번째 단계 : 인증 샷 찰칵! 자신의 작품 과정 설명하는 영상을 플립그리드로 찍어 올리기**

자신이 코딩하는 과정을 설명하는 동영상을 올리고 평가를 적도록 했다. 친구의 심화된 작품을 보고 질문하며 따라 해보는 아이들을 관찰할 수 있었다.

**다섯 번째 단계 : 더 공부하고 싶은 사람 모여라**

이러한 수업 활동 이후에 더 공부하고 싶은 친구들은 스터디 모임을 만들어 함께 공부해나갈 수 있도록 권장했다.

학생들이 코딩 영상을 업로드한 모습

수업의 본질은 학습자가 얼마나 실제로 학습했느냐에 있다. 교사인 내가 아무리 떠들어도 소용이 없다. 학생 자신이 문제에 대한 해결을 스스로 어떻게 찾아가느냐와 스스로의 배움을 어떻게 책임지느냐가 중요하다. 이런 면에서 블랜디드 러닝을 통하여 자신의 속도대로 심화시킬 수 있는 개별화 교육이 가능하다는 사실을 체감할 수 있었다. 특히 EBS 소프트웨어 강좌와 유튜브 검색을 통해 다양한 코딩 사례를 검색해보도록 격려하는 것이 유효했다. 원격 수업에서의 문제점을 보완해간다면 블렌디드 러닝은 자신의 요구와 학습 유형에 적합한 학습을 스스로 설계하는 자기 주도적 학습자로서의 능력을 키워주기에 매우 효과적인 교육 방법임을 확신한다.

• 고학년 실천 사례 2 •

# 한계를 뛰어넘는 음악과 미술 수업

갑작스러운 원격 수업이 시작되었다. 줌을 통한 수업이 교사에게도 아직 익숙하지 않았고 아이들 역시도 녹록지만은 않은 상황이었다. 싱가포르의 인터넷 상황이 한국만큼 좋은 것이 아니라 수업 시작과 함께 출석을 체크하려고 하면 늦게 줌에 입장하는 학생들이 늘 있었다. 그리고 인터넷 접속 불량으로 인해 수업 중에 갑자기 학생이 줌에서 튕겨 나가는 경우도 있었다. 그럴 경우 줌 수업을 녹화해서 구글 메일로 보내주거나 관련 자료를 보내주고 무엇을 했는지 안내해서 수업을 따라갈 수 있도록 했다. 처음의 우려와는 달리 실시간 쌍방향 수업은 긍정적인 면이 많았고 학생, 학부모, 교사 모두 빠르게 적응했다. 안 되는 것을 되게 하는 초등 교육의 마법이 여기서도 통한 것이다. 5학년 전 교과를 블렌디드 러닝으로 수업했지만 그중에서도 불가능이라고 생각했던 음악 수업과 미술 수업의 사례를 소개해보고자 한다.

## 원격 수업에서 리코더 지도를?

**교과 및 단원** 5학년 음악 1. 마음을 열며
**학습 목표** 리코더 연주의 바른 자세와 호흡으로 높은음이 나오는 악곡을 연주할 수 있다

'실시간 쌍방향 수업'에서 리코더 수업을 하는 것은 꽤 도전적인 과제였다. 먼저 리코더의 기본 자세와 소리 내는 방법을 대면 수업이 가능했던 3월에 지도했다. 교과서에 수록된 곡을 연주하는 것이 수행평가 과제였는데, 5학년 리코더 연주의 성취 기준은 높은 음이 나오는 악곡을 연주할 수 있는 것이다. 줌을 통한 실시간 수업에서 리코더 높은 음을 내는 방법을 직접 시범을 보이며 지도했다. 그리고 구글 클래스룸에 교사의 시연 영상, 교과서 반주 영상을 올려주고 본인의 연주 영상을 과제로 제출하도록 해서 수행평가를 실시했다. 구글 클래스룸에 올려진 자료를 바탕으로 학생 스스로 충분히 연습하도록 했다. 리코더 연주에 흥미를 느끼는 학생들은 가정에서 계속 연습했고, 스스로 만족스럽다고 생각되는 연주 영상을 과제로 올릴 수 있도록 했다. 교사는 학생들이 과제로 영상을 올린 것을 듣고 음이 잘못되었거나 다르게 연주한 것에 대해 비공개 댓글로 피드백을 주었고 다시 연주해서 제출하게 했다. 잘된 영상에는 칭찬과 함께 과제 점수를 부여했다.

시간이 지나도 연주 영상을 올리지 않은 학생은 방과 후에 따로 줌을 통해 만나서 개별 지도를 해주었다. 줌에서 수업을 할 때도 학생이 안 되는 부분을 다시 해보게 하고 시연도 해주며 계속 독려했다. 사실

이곳 싱가포르한국국제학교의 초등 5학년 교육과정은 음악 수업이 일주일에 1시간뿐이라서 한국에 비해 음악 시수가 부족했다. 그러다 보니 학생들의 기본적인 리코더 연주 실력도 낮은 상태였다. 그러나 끝까지 5학년 음악 성취 기준에 맞는 높은 음 연주법을 익혀서 연주할 수 있게 해주고 싶었다. 개별 지도에도 불구하고 연주 영상을 올리지 않거나 전혀 연주를 못 하는 학생들은 대면 수업에서 다시 지도하여 수행평가를 볼 수 있도록 했다.

합주를 통해 소리를 만드는 작업은 역시나 온라인 수업만으로는 할 수 없는 부분이었다. 이 부분은 등교 수업이 가능한 시점에 학교에서 다시 맞춰보았다. 또 발표회 형식으로 그동안 배운 노래와 악기 연주를 한 곡씩 맡아서 발표했다. 음악 발표회 때 둘 또는 셋이 짝을 지어 교과서의 곡을 연습했다. 고학년이다 보니 앞에 나서야 되는 발표회를 다들 싫어하는 척하지만 내심 이런 기회를 가질 수 있어서 좋아하는 게 보였다. 학생들은 그동안 갈고 닦았던 노래 실력과 리코더 연주 실력을 뽐내고 뿌듯해했다. 그리고 학기말 전교 조회 방송 시간에 음악 발표회에서 잘했던 연주 영상을 전교생에게 선보였다. 반 아이들은 자신의 모습이 학교 방송에 나

구글 클래스룸 과제 제시(위)와 제출(아래)

클래스팅에 발표회 영상 공유

학교 방송에 발표 영상 상영

오자 놀란 듯 탄성을 질렀고 기분 좋은 미소를 감추지 못했다. 그리고 대면 수업에서 만들어진 자료들은 클래스팅과 구글 클래스룸에 업데이트하면서 다시 온라인상에서도 공유할 수 있도록 했다. 물론 친구들의 모습이 담긴 영상을 함부로 퍼 가거나 이용하지 않도록 사이버 정보 교육도 잊지 않았다.

## 시간 제한 없이 작품 활동에 빠져든다

미술 수업은 음악 수업보다 블렌디드 러닝에 적합한 과목이었다. 온라인 수업 전에 미리 학생들에게 온라인 수업에서 다루게 될 미술 활동에 필요한 재료를 배부해주었다. 실시간 쌍방향 수업이 시작되고 이번에 배울 미술 이론과 활동 내용에 대해 교사가 자세히 안내했다. 학생들은 교사의 지도 후, 미술 활동을 시작했다. 실시간 쌍방향 수업 중에는 스케치가 끝나면 교사에게 줌 영상으로 작품을 보여주며 확인을 받고 궁금한 점은 언제든지 물어보도록 했다. 미술 표현 활동은 학생 개개인이 완성 시간이 다른데, 온라인 수업은 수업이 끝나고 학생들이 계속 이어서 할 수 있다는 장점이 있었다. 작품을 미처 완성하지 못한 경우, 수업 이후에도 활동을 이어 작품을 완성하도록 했다.

학교에서는 제한된 교과 시간 안에 과제를 해결해야 하고 마무리가 되지 않은 상태로 과제를 해 오게 하거나 자투리 시간을 이용해 마무리해야 하는 경우가 종종 있었다. 그러나 온라인 수업에서는 집에서 시간 제한 없이 미술 표현 활동에 전념할 수 있게 했다. 그리고 작품이 완성된 학생들은 클래스팅에 자신의 작품을 게시하고 친구들과 교사는 댓글로 칭찬과 격려를 했다.

학생 개개인의 창의적인 작품 활동을 강조하고 교사의 조력자 역할이 강조된다면 온라인 수업으로 충분히 가능했던 수업이었다. 그리고 등교 수업 시간에는 학생들의 작품을 교실에 전시하고 실제 작품을 보는 감상 기회를 가졌다.

## 프로젝트 과제 준비부터 발표까지 온라인으로

미술 교과의 감상 부분에서 '전통 미술과 현대 미술을 비교하면서 큐레이터 되어보기' 프로젝트를 진행했다. 교사의 안내 후 학생들은 줌의 소그룹 회의를 통해 발표 자료를 준비했고 프레젠테이션 자료를 만들었다. 완성된 발표 자료를 구글 클래스룸에 과제 제출로 업로드하도록 했고 준비된 자료를 가지고 쌍방향 원격 수업에서 모둠별 발표를 했다. 발표 이후 구글 클래스룸에서 모둠 학생들의 결과물을 볼 수 있고 비교할 수도 있었다.

프로젝트 과제 해결을 위해 학생들은 대면 수업 못지않은 열띤 토의를 소그룹 회의실에서 했다. 자료 공유와 공동 작업으로 발표 자료를 완성해가는 모습은 실로 놀라웠다. 학생들이 서로에게 교사가 되어 가르치고 방법을 찾아가는 모습을 보며 온라인 수업에서도 프로젝트 수업이 가능함을 확인했다.

미술과 이론 수업, 표현, 감상까지 쌍방향 원격 수업과 구글 클래스룸을 통한 과제 제시를 잘 활용한다면 미술 수업 역시 충분히 온라인으로 가능했다. 그러나 준비물이 많이 필요하거나 협동 작품을 만드는 것은 대면 수업이 더 적합했다. 대면 수업 시에는 행위예술 형식의 의상 표현하기, 소품 만들기, 건축물 만들기 등 혼자 할 수 없는 큰 협동 작품을 모둠별로 만들고 전시했다.

모든 교육 활동에서 관객은 무엇보다 중요한 배움의 동기 요소이다. 특히나 미술 작품은 자신의 작품을 누가 봐주어야 한다. 클래스팅과 같은 학급 홈페이지에서 공유하는 것도 의미 있는 활동이지만 실제 작품을 감상하는 것과는 그 느낌이 다르다. 반 고흐의 그림을 실제로 보는 것과 사진으로 보는 것의 차이가 아닐까? 실제 감상자가 내 작품을 보도록 전시하는 것은 학생들에게 미술과 표현 활동을 하는 충분한 자극제가 된다. 따라서 관객 동원을 위해 완성된 작품들은 실제로 볼 수 있도록 교실에 전시했고 미술 경매 형식의 수업으로 감상 활동을 하기도 했다.

온라인에서 미술과 이론 수업, 개인별 표현 활동, 조사 발표 위주의 프로젝트 학습을, 대면 수업에서 협동 작품과 감상 활동을 위주로 재구성한다면 대면 수업만으로 이루어진 미술 수업보다 더 효과적일 수 있다.

## 블렌디드 교육 어디까지 가능할까?

대면 수업이 주를 이룬 지금은 플립 러닝(거꾸로 교실)을 활용한 사회 역사 수업을 하고 있다. 교사가 구글 클래스에 배움 주제, 디딤 영상, 배움 과제를 제시하면 학생들은 미리 영상을 보고 과제를 해결해 온다. 학교에서는 이를 바탕으로 토의·토론 학습, 상상하여 그 시절 사람이 되어보기, 나라면 어떤 결정을 할지 생각 쓰기, 퀴즈 형식의 지식 발전소 수업 등 다양한 형식의 수업 활동으로 학생들이 직접 체험하고 활동하는 수업 위주로 하고 있다.

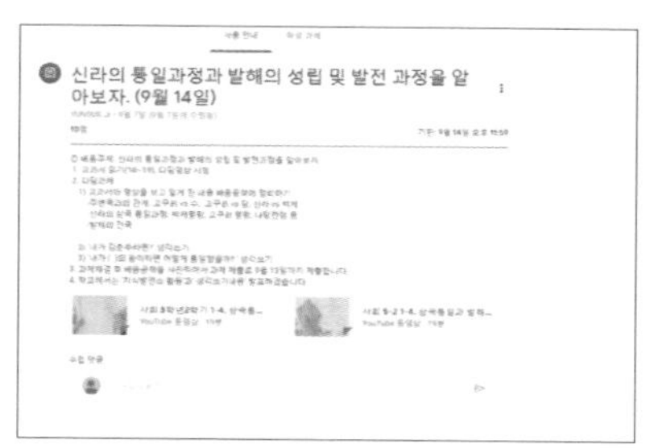


과제 해결형 온라인 사전 과제 제시

지식발전소 활동 대면 수업 장면

### 지식발전소 활동 Tips![01]

- 지식발전소 1라운드
  디딤 영상에서 기억나는 내용을 모둠별로 협의 → 모둠별로 1명씩 나와 칠판에 기억나는 내용을 적는다(교과서를 보지 않고 외워 적음) → 모든 모둠이 적으면 지식의 점수를 매긴다(중요한 내용 2점, 지엽적인 내용 1점, 교과서에 나와 있지 않은 내용 0점) → 디딤 영상을 보고 사전 과제로 정리한 내용을 펼쳐보고 칠판에 없는 중요 내용을 모둠별로 협의, 다음 모둠원이 나와 지식을 적는다.
- 지식발전소 2라운드
  - 교과서를 보고 지식을 찾는다.
  - 방법은 1라운드와 같이 칠판 앞에 나올 때는 교과서를 보지 않고 외워서 적는다. 모든 모둠원이 적으면 지식 점수를 매긴다.
- 지식발전소 3라운드(나도 역사가)
  학습 목표와 관련된 핵심 질문을 교사가 제시하고 답을 모둠별로 토의한 후 역할극, 인터뷰, 가상일기 등 다양한 방법으로 발표한다.

블렌디드 러닝에 정답은 없지만 과제형 온라인 수업으로 학생 스스로 배움을 준비하는 시간을 가질 수 있다. 쌍방향 수업으로 온라인에서도 대면 수업 못지않은 피드백을 하며 교사, 친구들과 함께 실시간으로 수업을 하고 있다는 느낌을 받을 수도 있다. 그리고 대면 수업에서는 보다 학생 중심의 수업을 할 수 있을 것이다. 4차 산업혁명 시대, 무엇을 어떻게 가르칠지에 대한 패러다임은 이미 바뀌었다. 교육을 담당하는 사람은 새로운 교육 흐름에 스스로가 학습자가 되어서 끊임없

01 플립 러닝-함께 배우는 학생 중심 수업(2017), 아이스크림연수원 원격 연수 참조

이 배우고 지식을 활용해야 한다. 학생들은 이미 준비가 되어 있고 변화된 교육 방식을 기다리고 있을지 모른다.

• 고학년 실천 사례 3 •

# 온라인으로 생각을 세우고 오프라인으로 행복한 성장을 이루다

"컴퓨터 전원을 켜고 타자 연습을 할게요."

"구글 계정 아이디로 구글 클래스룸에 접속할게요."

"선생님 클래스 코드가 뭐예요?"

온라인 수업이 시작되기 전, 마치 회오리바람이 불어닥친 듯 학교에서 컴퓨터 활용 능력을 최대한 끌어올리기 위해 노력했다. 학교 차원에서 구글 계정을 받았기에 교사는 학생들의 구글 계정 아이디와 비번을 모두 관리할 수 있었다. 그래서 비교적 쉽게 구글 클래스룸에 가입시킬 수 있었다.

원격 수업에서 수업 활동 외 기술적인 문제, 컴퓨터 활용 등의 문제로 수업 시간이 줄어들거나 집중력이 떨어지는 상황을 줄이고자 했다. 원활한 수업을 위해 대표적으로 다음의 3가지를 중점적으로 관리 및 지도했다.

첫째, 구글 아이디를 학교 계정으로 발급받은 후, 아이디와 비밀번호를 교사가 관리했다. 따라서 구글 클래스룸 가입과 비밀번호 관리에 대한 어려움을 자연스레 해결했다.

둘째, 줌 연결 및 구글 클래스룸을 통한 과제 제출 등을 어려워하는 친구들을 위해 별도의 영상을 촬영해, 카톡방에 업로드하면서 원격 수업에 적응하도록 했다.

마지막으로 등교 수업을 활용해, 컴퓨터 활용 능력을 최대한 끌어올리고자 파워포인트와 구글 사용법을 지도하고, 줌, 패들렛(Padlet), 멘티미터(Mentimeter) 등의 프로그램을 사용해서 즉시 피드백을 주었다.

## 오프라인보다 재미있는 국어 수업 설계

국어 수업에서 설명문, 논설문 또는 문학 작품을 읽고 생각을 나누는 단원의 수업을 블렌디드 러닝으로 지도했다. 국어 수업뿐만 아니라 한 학기 한 권 읽기에도 적용할 수 있는 수업 모델이다.

수업의 단계는 크게 5단계로 나누었다. '온라인에서도 오프라인과 동일하게 수업을 진행할 수 있을까' 하는 걱정과 기대가 있었다. 그래서 수업의 큰 줄기를 읽기 – 생각 공유 – 토의·토론 – 글쓰기 – 피드백의 순서로 잡았다.

먼저 읽기 단계이다. 읽기는 온라인에서 함께 읽거나, 사전에 읽어 오는 활동으로 진행했다. 학생이 읽기 과제를 수행했는지는 다음 단계인 생각 공유 활동에서 확인했다.

교과서의 글을 특별히 다루어야 할 경우에는 주로 함께 읽기 활동을 했다. 온라인에서 디지털 교과서를 화면에 띄워 한 페이지씩 번갈아 읽었다. 또는 실물 화상기를 통해 교과서 장면을 비추고 이를 화면에 공유했다. 디지털 교과서는 관련 영상이나 사진 자료를 즉시 확인할 수 있는 장점이 있고, 실물 화상기 화면 공유의 경우 교사가 바로 필기하며 내용을 전달할 수 있었다. 수업의 생동감 측면에서는 실물 화상기가 좋았다.

만약 과제형 온라인 학습으로 진행한다면 교사가 제재 글에서 확인해야 할 중요 사항을 짚어주면 좋다. 제재글을 읽는 관점, 확인할 사항을 짚어주며 자기 주도적 읽기를 하도록 했다.

두 번째, 생각 공유 단계이다. 패들렛과 멘티미터를 사용했다.

"선생님이 올린 질문에 대해 여러분의 생각을 3~4문장으로 적어 올려주세요. 제한 시간 2분입니다."

패들렛은 오프라인의 포스트잇을 온라인으로 만들어놓은 것이다. 교실 수업에서 하나의 포스트잇에 하나의 생각을 담아 친구들과 동시에 공유한다. 패들렛을 이용해 온라인에서 자신의 생각을 온라인 포스트잇에 기록해 친구들과 동시에 공유하는 것이다.

"글을 읽고 함께 생각해보고 싶은 3가지 질문을 올려보세요."

"홍길동은 도적일까요? 의적일까요?"

"《마당을 나온 암탉》에서 암탉이 양계장을 나온 것은 옳은 선택인가?"

이와 같은 질문에 대해 학생들은 자신의 생각을 패들렛을 통해 업로드했다.

멘티미터는 실시간 온라인 설문 조사를 하기에 유용하다.

"하루 독서 시간은 몇 시간 정도인가요?" "친구에게 어떠한 말을 들으면 기분이 좋은가요?"와 같은 질문에 대해 학생들이 교사가 제공한 내용 가운데 선택할 수 있다. 수업의 도입 부분에도 활용이 가능하다.

세 번째, 토의·토론 단계이다.

"선생님 온라인 수업이 힘들어요."

"모니터를 온종일 보고 있으니 눈이 아파요."

온라인 수업의 문제가 하나둘 나타나기 시작했다. 학생들이 참여할 수 있는 수업 활동이 필요했다. 쌍방향 온라인 수업임에도 불구하고 교사 혼자만 이야기하고 지식을 전달하는 데 치중했던 것이다. 그래서 글을 읽고, 각자의 생각을 나눈 후 학습적인 대화가 진행되도록 했다. 줌과 웹엑스의 소그룹 모임 기능을 활용했다. 소그룹의 멤버를 임의로 배정하기보다 그룹 내 학생 수준은 이질적으로 그리고 그룹 간 학생 수준은 동질적으로 구성했다. 교실 수업에서는 교사가 학생들의 활동 사항을 동시에 한눈에 확인할 수 있다. 그런데 온라인에서는 교사가 부지런히 클릭하며 학생들의 상황을 살펴야 한다.

"15분 동안 '미래 사회의 교육은 AI 교사가 담당하는 것 옳은가?'라는 제목으로 토의를 시작합니다. 그리고 이후에 각 모둠장이 토의한 내용을 정리·발표합니다."

소그룹 모임 배정 전 교사는 3가지를 안내했다. 첫째, 소그룹 모임

종료 시간과 둘째, 소그룹에서 논의할 주제, 그리고 마지막으로 소그룹 모임 후 발표할 내용이다. 소그룹 배정 후 교사는 각각의 모임방을 출입하며 동기 부여를 하고 학습 활동을 점검했다. 즉 온라인 계간 순시의 시간이었다.

'기록한 것만이 기억된다'는 생각을 강조하면서 학생들이 소그룹 모임에서 논의한 내용을 구글 공유 문서에 기록하도록 했다. 이는 소그룹 모임을 마친 후 발표할 때 유용한 자료가 되었다. 또한 구글 문서의 기록 상황을 화면에 공유하면서 적극적인 참여를 끌어낼 수 있었다.

블렌디드 러닝 중 오프라인 교실 수업 활동으로 적합한 것이 바로 토의·토론 단계였다. 글이나 책을 읽고, 생각을 나눈 후에는 친구들과 대면해서 토의·토론을 진행하는 것이 효과적이었다. 그러나 전염병이나 자연재해 등으로 블렌디드 러닝이 힘들다면, 온라인 내에서도 대안적으로 토의·토론을 진행하면 된다. 블렌디드 러닝 수업에서 학생들이 가장 행복해하는 순간은 바로 친구들과 선생님과의 실제적 만남을 통한 배움이 일어날 때였고, 바로 이때 행복한 성장이 진행되는 것 같다. 마틴 부버가 강조했듯 교육은 인격적인 만남에서부터 시작된다. 온라인을 통해 자신의 생각 세우기가 완성되었다면, 이를 대면해서 나누고 점검하며 생각을 폭과 너비를 확장시켜 가는 단계가 있어야 했다.

마지막으로 글쓰기와 피드백이다.

토의·토론을 통해 확장된 생각을 일목요연하게 자신의 언어로 표현하는 글쓰기는 마지막 열매를 맺는 단계이다. 문학 작품의 경우 배운 점, 느낀 점, 실천할 점을 중심으로 글을 쓰도록 했다. 또, 학생들은

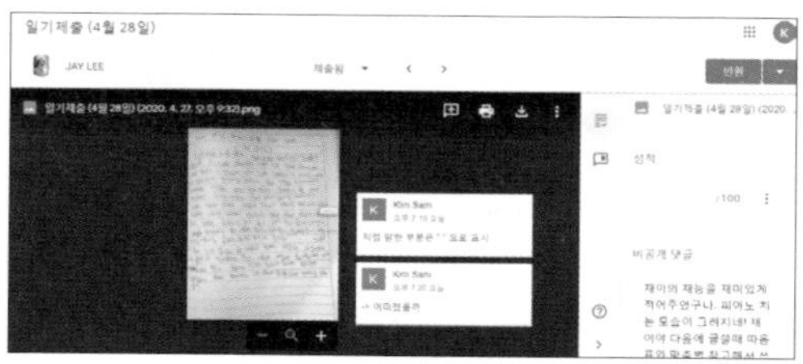


구글 클래스룸에 학생이 올린 이미지 사진에 교사가 주석을 달아 피드백을 하는 장면

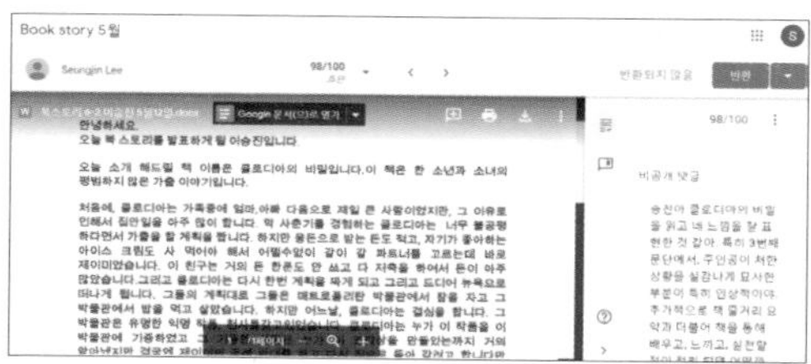


학생이 올린 문서에 교사는 피드백과 더불어 오른쪽에 평가 및 총평을 작성할 수 있다.

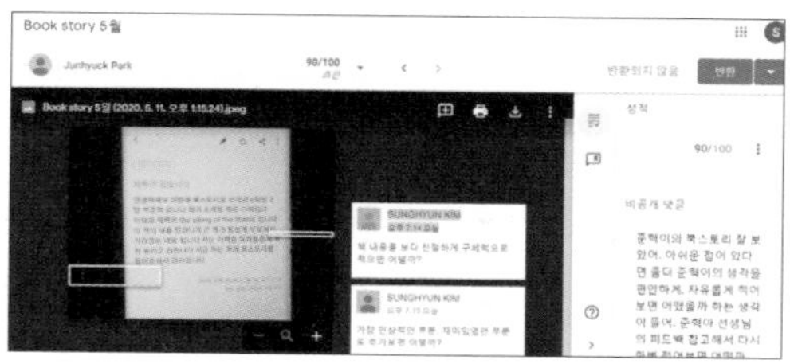


제출한 과제에 대해 구글 클래스룸에서 교사와 학생 간의 지속적인 커뮤니케이션이 가능하다.

서론, 본론, 결론의 형식으로 자신의 주장을 논리정연하게 정리하기도 했다. 교사는 글쓰기 기한과 분량을 제시하며, 작성된 글은 구글 클래스룸을 통해 제출하게 했다. 학생들은 수기로 글을 작성해도 되고, 구글 문서로 작성해도 괜찮다. 그런데 초등학생의 경우 수기 작성을 추천한다. 미국 프린스턴대학의 연구에 의하면 손 글씨가 컴퓨터 타자보다 단순 기억과 이해도 측면에서 훨씬 높은 결과를 나타냈다고 한다.[01]

학생들이 손 글씨로 작성한 글을 사진 찍어 구글 클래스룸에 올리면 교사는 이에 대한 개별 피드백을 진행했다.

"예원이가 생각을 논리정연하게 잘 정리한 것 같다. 그런데 예원이 생각을 뒷받침해줄 사실적 근거를 자료 조사해서 첨부하면 좀 더 설득력 있는 글이 될 것 같아. 글을 좀 더 다듬은 후 다시 제출해보자. 응원해!"

주로 5가지 관점에서 글에 대한 피드백을 했다. 첫째, 각 문단은 하나의 생각을 담고 있는가. 둘째, 각 문단은 전체 주제와 부합되는가. 셋째 오자, 탈자, 맞춤법, 띄어쓰기는 올바른가. 넷째, 자신의 생각을 담았는가. 다섯째, 조사 자료가 있다면 인용과 출처 표시는 했는가.

학생들은 교사의 피드백을 바탕으로 글을 수정했다. 다시 작성한 글을 매일 아침 진행되는 3분 스피치 시간에 발표한다. 3분 스피치는 교실 수업이든, 온라인 수업이든 상황에 개의치 않고 1년 내내 지속적으로 하루 남학생 1명, 여학생 1명이 자신의 글을 각각 3분 내외로 발표하는 시간이다. 발표 내용은 수업 시간에 다룬 내용의 글쓰기, 사회와 과학 시간에 진행 중인 프로젝트 주제, 또는 자유 주제 등이다.

01 조동찬, 타이핑보다 강한 손글씨… 학습 효과 실험해보니, SBS 뉴스, 2019년 12월 28일

• 고학년 생활 지도 •

# 원격 수업으로도 끈끈한 인간관계를 유지하자

“모두 잘 잤나요? 오늘 아침 인사는 8시 50분에 선생님 방에서 있습니다. 다들 준비해서 접속해주세요.”

마음을 가다듬고 컴퓨터 앞에 앉았다. 온라인으로 수업이 전환되면서 아침 시간도 바뀌었다. 등교 수업 때는 보통 아침 자습으로 하루를 시작한다. 원격 수업이지만 아침 시간도 알차게 보내자는 각오 하에 독서, 수학, 한자 등 요일마다 준비된 다양한 활동들을 진행했다. 전날 지각하지 말라고 신신당부를 해도 한두 명은 꼭 지각을 한다. 그래서 원격 수업 때는 아이들의 잠을 깨우는 것부터 시작해야 한다. 미리 메시지를 안 보내면 늦잠을 자거나 꾸물거리다 수업 시간에 늦게 접속하는 아이들이 생긴다. 수업에 참여하도록 아이들을 미리미리 준비시켜야 한다. 같은 시간에 문자를 보내도 빨리 접속하는 아이, 늦게 접속하는 아이, 수업 시작 때까지 접속하지 않는 아이 등 천차만별이다.

등교 수업 때처럼 아침 시간에 뭔가를 가르치기에는 시간이 모자랐다. 그래서 온라인의 아침 시간은 아이들 하나하나와 좀 더 깊은 아침 인사를 하는 것으로 진행했다. 어젯밤 잘 잤는지, 무슨 꿈을 꾸었는지부터 시작해서, 아침 메뉴는 무엇이었는지, 오늘 컨디션은 어떤지 등 다양한 질문을 하면서 아이들에게 다가갔다. 아이들의 접속 시간이 전부 다르니 가능한 온라인에 특화된 아침 시간 운영을 해야 했다. 이를 통해 아이들과 좀 더 가까워질 수 있는 계기가 되었다. 컴퓨터 화면을 통한 만남이지만, 이렇게 세밀하게 아침 인사를 하다 보면 좀 더 아이들과 가까워지는 느낌을 가질 수 있었다.

'자신에게 관심을 가져주는 사람이 있다는 믿음.'

이것이 생활 지도의 시작이라고 생각한다. 원격 수업이라 하더라도 등교 수업과 마찬가지로 교수 학습 분야뿐만 아니라 생활 지도 분야에도 관심을 기울여야 한다. 각종 온라인 강의를 많이 접하고 있는 아이들이지만, 사람과 사람을 이어주는 인간관계의 습득이야말로 아이들이 학교에서 꼭 배워야 할 부분이다. 따라서 원격 수업에서도 아이들과 끈끈한 인간관계는 꼭 유지되어야 한다.

## 쉽게 피로해지는 온라인 수업, 아이들의 건강을 지켜라

"김○○ 집중해주세요."

"유○○ 침대에서 일어나 책상에 앉아요."

수업이 시작되었다. 화면이 아이들의 얼굴로 채워졌다. 교실에서 수업할 때보다 아이들 하나하나의 얼굴이 눈에 더욱 잘 들어왔다. 원격 수업에서는 아이들이 수업에 집중하는지 딴짓을 하는지 너무 잘 보인다. 조금이라도 집중을 하지 못하고 딴짓을 하면 금방 화면에 티가 난다. '얼마나 힘들면 저럴까?' 이해가 되기는 하지만 하나라도 더 알려주고 싶은 마음에 집중해 달라고 다시 한번 부탁하게 된다.

실시간 원격 수업은 학생, 교사 모두가 피곤하다. 양쪽 모두 화면에 집중하며 잠시도 딴짓을 할 수가 없다. 실시간 원격 수업을 일주일 정도 진행하니 아이들이 너무 힘들다는 피드백을 주었다. 수업 시간 내내 잠시도 쉴 수 없고 계속 집중하니 피로도가 올라가는 것이다. 수업 일수가 늘어가면서 학생들은 '눈이 충혈된다.' '안구 건조증이 생겼다.' '두통이 생겼다' 등 다양한 고충을 호소했다. 아이들뿐 아니라 교사인 나 역시도 원격 수업이 길어지면서 안구 건조증이 더 심해졌다. 수업 준비부터 실제 수업까지 모든 것을 화면을 보면서 진행하니 당연히 눈이 쉽게 피로해졌다.

어쩔 수 없다. 아이들의 눈을 쉬게 해주어야 한다. 쉬는 시간이면 아이들에게 눈을 감게 하고, 멀리 창밖을 보고 오라고 했다. 수업을 시작할 때는 실내에서 앉아서 할 수 있는 체조를 함께하기도 했다. 원격 수업에서는 수업 외에도 교사가 신경을 써야 할 것이 많다. 특히 아이들의 건강을 잘 챙겨야 성공적인 수업을 할 수 있다. 수업 중간중간 아이들을 쉬게 하면서 여유 있는 수업 운영을 해야 한다.

## 제대로 의사소통하는 능력을 키워주자

"카톡, 카톡."

힘든 실시간 원격 수업을 마치고 지친 몸을 소파에 기대고 있는데 메시지가 왔다. 학부모에게서 온 메시지였다. 아이가 온라인으로 조별 숙제를 하면서 친구들과 문제가 생겼다는 내용이었다. 우리 반은 원격 수업 중에도 협업을 위해 모둠별 협동 학습을 진행했다. 모둠별로 정해진 주제를 조사하여 발표 자료를 준비하는 프로젝트 학습이었다.

아이들이 협동 학습을 위해 온라인으로 대화를 하다가 문제가 생긴 것이다. 교실 수업에서는 일어나지도 않았을 것이고, 비슷한 문제가 발생하더라도 만나서 얼른 이야기하면 해결될 문제였지만 원격 수업을 하면서 생활 지도에 새로운 문제가 발생한 것이다. 마음을 가다듬고 문제의 모둠에 속한 아이들 한 명 한 명에게 전화를 걸기 시작했다. 눈을 마주치고 실제로 만나서 이야기하면 금방 해결될 일이었다. 그러나 온라인상에서는 상대방의 감정을 알아차리기 위해 더 노력을 해야 했기 때문에 문제 해결까지 다소 시간이 길어졌다. 또한 문제 상황을 전체적으로 파악하기 위해 아이들 하나하나 모두의 이야기를 끝까지 들어봐야 한다. 한 사람 한 사람과의 통화를 마치고 이야기의 퍼즐을 맞춰나갔다. '참을 인' 자가 절로 생각났지만 다른 방법이 없었다. 총 네 통의 전화를 하고서야 문제의 상황이 머릿속에 그려졌다. 문제를 파악했으니 이제는 해결을 위한 연락을 해야 한다. 다시 한번 아이들 한 사람 한 사람에게 전화를 해서 오해를 풀어주고 억울한 감정을 해소해주었다. 전화 통화를 시작한 지 2시간이 지나가고 저녁밥 시간도 놓칠 때쯤 이 문제는 해결되었다.

아이들은 어른보다 적응이 빠르다. 원격 수업을 진행하면서 아이들은 가상 공간에서의 대화에 금방 적응했다. 모둠 숙제를 위한 의논은 가상 공간에서 만나 진행했다. 줌, 카카오톡 등 다양한 온라인 프로그램을 사용하는 것은 아이들에게 큰 문제가 아니다. 스마트폰과 함께한 세대인 만큼 아이들에게 앱을 깔고 접속하는 등의 절차는 수학 문제 푸는 것보다 쉬운 일이었다. 문제는 의사소통 방법이었다.

가상 공간에서의 의사소통은 실제로 만나서 하는 의사소통보다 더 많은 노력을 필요로 한다. 상대방을 직접 만나면 목소리 외에도 다양한 몸짓이나 표정의 변화를 통해 효과적으로 의사소통을 할 수 있다. 상대방의 의도를 쉽게 파악할 수 있는 것이다. 하지만 가상 공간에서는, 비록 실시간 화상 채팅이라고 할지라도 정확한 의미 전달이 힘들다. 천천히 또박또박, 순서를 기다리며 차례차례 대화를 이어가야 한다. 정확한 의사소통을 위해서는 실제 만나서 대화할 때보다 두세 배 시간이 더 걸린다. 서로 의사소통이 원활하지 않으니 오해가 생기게 되고 다툼이 일어나기 마련이다. 지식 전달을 위한 원격 수업도 중요하다. 하지만 그보다 더 중요한 것은 학생들에게 가상 공간의 특성을 충분히 이해시키고 그에 맞추어 의사소통하는 능력을 키워주는 것이다.

'천천히 또박또박, 순서를 기다리며 차례차례.'

아이들에게 온라인에서 대화하는 법을 지도하면서 외치던 구호이다.

## 온라인이기에 가능한 활동으로 즐겁게 수업하기

"김○○ 학생 1위에 올라섰습니다."

"송○○ 학생 바로 따라잡습니다."

"이○○ 학생 역전했습니다."

"마지막 10초 남았습니다. 카운트다운 10, 9, 8, 7…."

"결과를 발표합니다."

마치 온라인 게임을 중계하는 해설위원이 된 기분이다. 진짜 게임을 중계한 것은 아니고 원격 수업 중 '클래스 카드 배틀'이라는 사이트를 활용하면서 말한 것들이다.

'에듀테인먼트' 즉, 공부와 놀이의 조합은 초등 교육에서 중요한 요소이다. 학습자가 흥미를 느끼고 적극적으로 학습에 참여한다면 이미 학습 목표의 절반은 이루었다고 생각한다. 원격 수업은 진도를 빨리 나가기 어렵다. 대면 수업 때보다 아이들의 이해도가 떨어지고 말도 천천히 또박또박 해야 하기 때문에 진도를 맞추기 어렵다. 이번 시간에 공부해야 할 진도에 신경을 쓰다 보면 어느새 나도 모르게 말이 빨라지고 강의 일변도의 수업을 열심히 하게 된다. 그런데 아이러니하게도 내가 열심히 강의할수록 더 많은 아이들이 졸기 시작한다. 아차 하는 생각과 함께 각종 온라인 연수를 들으면서 눈꺼풀은 무거워지고, 어느새 꿈나라로 떠나곤 했던 나의 모습이 떠올랐다. 어른인 나도 이랬으니 아이들의 심정을 모르는 것이 아니다. 하지만 막상 우리 반 아이가 화면 앞에서 꾸벅꾸벅 졸거나 아예 엎드려 자는 장면을 보니 야속한 마음은 어쩔 수 없었다. 하나라도 더 알려주고 싶어 온 힘을 다해 열정적으로 강의를 하지만 정작 아이들은 하나둘 꿈나라로 떠나버린다.

여러 번의 시행착오 끝에 욕심을 조금 내려놓기로 했다. 수업 내용을 과감히 줄이고 좀 더 아이들이 참여할 수 있는 수업으로 구성하여 변화를 주었다. 온라인이어서 어려울 수 있지만 반대로 온라인이기 때문에 가능한 활동들이 많았다.

클래스 카드 배틀, 카훗(Kahoot), 퀴즈앤(Quizn) 등 온라인의 특성을 충분히 활용할 수 있는 수단을 이용했다. 우선 교사가 학습 내용을 직접 전달하는 방식을 최대한 줄였다. 대신 각종 온라인 강의를 활용하여 아이들이 스스로 학습하게 했다. 수업 시간에는 학습한 내용을 게임을 통해 즐겁게 참여할 수 있도록 했다. 자연스럽게 아이들이 적극적으로 학습에 참여했고 학습 능률도 올라갔다. 각종 컴퓨터 게임에 익숙한 요즘 아이들의 특성을 학습에 활용한 것이다. 학습자의 특성을 충분히 활용할 수 있다면 학습 효과는 배가 된다. 온라인에 적합한 학습 환경을 조성한다면 아이들에게 충분히 즐거운 학습 경험을 선사할 수 있을 것이다.

## 원격 수업에 활용하면 좋은 온라인 사이트

### 클래스 카드 배틀(http://www.classcard.net/battle)

교사가 사전에 문항 세트를 만들어놓으면 아이들이 각자 접속해서 문제를 풀 수 있다. 문제를 푸는 현황이 아이들에게 실시간으로 생중

계되기 때문에 아이들이 박진감 넘치게 문제를 풀게 된다. 빠르게 풀수록 점수가 올라가기 때문에 아이들이 몰입하기 쉽다. 사이트에 이미 다양한 문항 세트가 준비되어 있으므로 적절한 문항 세트를 골라서 사용하면 수업을 준비하기도 쉽다.

**카훗(https://kahoot.com/)**

클래스 카드 배틀과 비슷하나 다른 점은 학생들이 정해진 시간에 같은 문제를 똑같이 풀고, 문제마다 맞춘 학생들을 공개하는 방식이다. 외국 사이트이기 때문에 영어로 된 자료가 많다. 미리 준비된 문제들은 학습적인 것도 있지만 난센스나 상식 문제들이 많다.

**퀴즈앤(https://www.quizn.show/)**

사전에 교사가 준비한 문제를 퀴즈 형태로 풀어볼 수 있다. 다양한 학습 자료들이 많아서 쉽게 문항 세트를 준비할 수 있다. 문제를 푸는 진행 상황을 교사가 실시간으로 파악할 수 있고 각 학생이 어떤 문제를 맞혔는지 분석 자료가 나온다. 각 학생에게 개별 피드백을 해줄 수 있다는 장점이 있다.

• 놀이 수업 사례 •

# 놀이처럼 수업하고, 수업하듯 놀자!

등교 수업을 할 때는 쉬는 시간, 점심 시간마다 교실과 운동장에서 돈가스 놀이, 비석 치기, 팽이치기, 제기차기 놀이 등에 푹 빠져 지내던 아이들이었다. 그런데 원격 수업을 함과 동시에 놀 수 있는 시간과 공간이 사라져버리고 말았다.

아이들의 생활 지도, 수업에 신경을 쓰느라 아이들의 놀이에 대한 목마름을 생각할 겨를이 없었다. 원격 수업을 2주 정도 하고 있을 즈음 "선생님, 빨리 학교 가서 친구들과 놀고 싶어요"라는 아이의 말을 듣자마자 그동안 무엇인가 중요한 것을 빠뜨린 것 같았는데, 바로 이것이구나 하는 생각이 들었다. 평소에도 아이뿐만 아니라 어른인 나에게도 산소와 같은 것이라며 중요하게 여겼던 놀이를 잊고 있었던 것이다.

## 우리는 언제 어디서든 놀 수 있다

우선 원격 수업에서 아이들과 할 수 있는 놀이의 종류를 생각해보았다. 아이들의 집중력을 고려해 아이들에게 익숙한 놀이, 짧은 설명으로도 즐길 수 있는 놀이 등이 필요했다. 그리고 수업 시간에 활용할 수 있는 놀이, 집에서 가족과 놀 수 있도록 만들어주는 놀이 등이 떠올랐다. 놀고 싶다는 마음이 있으니 출석 체크를 하고, 아이들의 기분을 살피는 것에서부터 수업 마무리까지 놀 수 있는 방법이 많이 보였다.

### 놀이로 만나는 출석 체크

매 수업 시간마다 어떤 아이들이 와 있는지 체크해야 하는 다소 진부한 일상에 말놀이라는 놀이 요소를 더해 변화를 주었다.

"줌에 오면 정현이도 있고, 줌에 오면 정현이도 있고 수연이도 있고…."

평소에 이름을 부를 때는 '네' 하는 소리를 크게 내 달라고 부탁하곤 했었지만 놀이로 서로의 이름을 확인하니 저절로 목소리가 커졌다.

### 내 마음을 맞춰봐, 손가락 접어 놀이

'오늘 ○○한 사람 접어'라고 누군가 문제를 내면 문제의 내용에 해당된 사람은 손가락을 하나 접는다. 다섯 손가락을 모두 접으면 죽고, 펴진 손가락이 남은 사람이 이기는 놀이이다. 처음에는 학생들의 기분이나 상태를 물어볼 경우 사용했다.

"오늘 기분 좋은 사람 접어."

"오늘 아침 먹은 사람 접어."

등교 수업을 할 때에는 구체적으로 눈에 보이는 사실을 말하며 손가락을 접었지만, 원격 수업을 할 경우 아침마다 챙겨야 할 아이들의 상태나 기분을 빠르게 점검하는 것이 필요했기에 이 놀이를 자주 사용했다.

### 어서 와, 우리 집은 처음이지?

원격 수업의 특성상 화면을 통해 만나기 때문에 화면을 관찰하여 놀 수 있는 놀이를 해보기로 했다. 화면에는 아이들의 얼굴과 뒷배경인 각자의 집 내부 모습이 보인다. 이를 잘 관찰하고 대답하기만 해도 놀이가 되었다.

"꽃 그림이 있는 액자가 있는 집은 누구의 집일까요?"

"현수 집요."

그다음에는 현수가 문제를 낼 차례인데 갑자기 아영이가 끼어든다.

"선생님, 현수네 집 액자의 꽃 그림이 조금 신기해요. 현수야, 그거 누가 걸었어?" 하고 현수네 집의 액자에 관심을 보인 것이다. 자연스레 현수가 대답했다.

"어, 이거 우리 엄마가 그린 그림이야. 우리 엄마가 그림 그리는 것을 좋아하시거든."

"우와, 현수 엄마는 화가이신가봐."

이렇듯 놀이를 통해 화면 너머 현수네 가족에게까지 관심을 가지며 현수네 가족과 더욱 가까워진 느낌을 갖게 되었다.

### 발표자를 뽑아라, 가위바위보

수업 시간에 조금 일찍 들어온 아이들과 가위바위보를 하며 놀기도 하고, 발표자를 뽑기 위해 가위바위보를 하기도 했다. 가위바위보의 형식은 여러 가지가 있는데, 여러 번 모두가 가위바위보를 내는 동안 선생님과 같은 모양을 내는 친구가 모두 내리면 최종 우승자 한 명이 남는 법, 선생님을 이기는 친구가 남는 법, 선생님에게 지는 친구가 남는 법 등이 있다. 즐겁게 발표자를 뽑을 수도 있고, 누구나 아는 놀이여서 별다른 설명 없이 쉽게 놀이가 가능하다.

### 눈 감고 친구 얼굴 그리기

이 놀이는 줌의 소그룹 만들기 기능을 활용했다. 두 명씩 짝을 짓도록 해준다. 1분 동안 친구의 얼굴을 관찰하도록 하고 1분이 지나면 '이제 친구의 얼굴을 보지 말고 그려보세요'라고 메시지 보내기 기능을 통하여 전체 메시지를 보낸다. 아이들은 약 3분 동안 관찰한 친구의 얼굴을 그린다. 그리고 그림을 들고 전체 화면에 나타나면 교사가 한 명씩 줌의 비디오 고정 기능을 활용해 한 학생의 그림을 크게 화면에 보이게 하고 나머지 아이들은 누구를 그렸는지 맞춘다.

### 무궁화꽃이 피었습니다, 줌 꽃이 피었습니다

"오늘은 무궁화꽃이 피었습니다를 해볼 거예요."

"우와, 그걸 여기서 어떻게 해요?"

"그럼 줌 꽃이 피었습니다로 해요, 선생님."

교실에서라면 술래가 벽을 보고 '무궁화꽃이 피었습니다'를 외친 후 뒤를 돌아보고 움직이는 사람이 있으면 잡아내는 놀이로 어렸을 적 이 놀이를 안 해본 사람은 없을 것이다. 이렇듯 아이들에게 매우 익숙한 놀이이기 때문에 별다른 설명이 필요하지 않았다. 다만 화면에서의 움직임을 잡아내고 술래에게 걸린 아이는 스스로 비디오 끄기를 눌러 화면에서 보이지 않게 한다. 그리고 최후에 남은 사람이 이기는 놀이로 변형했다. 술래가 잡으러 가고 나머지가 도망가는 아슬아슬함은 없지만 움직이지 않으려고 노력하는 것에서 재미를 느꼈다. 이것은 '즐겁게 춤을 추다가 그대로 멈춰라'와 같은 형태로 변형할 수도 있다.

### 열, 스물, 서른 눈치 게임

1부터 10까지의 숫자를 자리에서 일어나며 중복되지 않게 세면 성공하는 놀이이다. 교실에서 자주 하던 놀이여서 바로 원격 수업에서도 활용할 수 있었다. 화면 안에서 일어나면 얼굴이 보이지 않으므로 손을 들고 크게 말하도록 했다. 그리고 수학 시간에 배운 숫자 읽기 복습을 위하여 열, 스물, 서른, 마흔, 쉰, 예순, 일흔, 여든, 아흔, 백으로 숫자를 말하기로 했다. 2명 이상 같은 수를 말하면 처음부터 놀이를 다시 시작해야 하기 때문에 저절로 숫자 읽기에 대한 반복 학습이 되었다. 덕분에 그냥 반복해서 익힐 때보다 재미도 있고 의미도 있는 놀이가 되었다.

### 누가 누가 잘하나, 가족과 놀아보자

평소 교실에서 작은 원목으로 된 도토리 팽이를 가지고 다양한 방법으로 놀았던 적이 있다. 꼭지로 돌리기, 누가 오래 돌리나 시합, 책에서 책으로 팽이 옮기기, 다른 사람의 팽이를 쳐서 넘어뜨리기 등 다양한 상상력을 발휘해 놀이를 창조해가며 노는 모습을 볼 수 있었다. 이러한 과정을 원격 수업을 하는 동안에 가족들과도 할 수 있도록 창의적 체험 활동 중 동아리 시간에 색종이로 팽이를 접었다. 유튜브에서 팽이 접기 영상을 화면으로 공유해 같이 보고 선생님을 따라 한 단계씩 차근차근 접기 시작했다. 교실에서였다면 어려운 부분을 바로 도와줄 수 있었을 텐데, 그러지 못해 답답한 부분도 있었다. 종이접기를 어려워하는 친구는 학생의 화면을 크게 보이도록 하여 교사가 살펴보면서 종이 접는 과정을 천천히 보여주었다. 드디어 모두 팽이를 접어 팽이 돌리기를 할 수 있는 시간이 되었다. 저학년이라 팽이 하나를 접는데 1시간 정도가 소요되었지만 그 성취감은 이루 말할 수가 없었다.

'누가 누가 오래 돌리나 시합을 해봅시다. 팽이가 멈추면 손을 들어주세요.'

팽이가 도는 모습을 화면에 담을 수 없어 아쉬웠지만 팽이가 돌다가 멈추면 손을 들어 최후의 승자를 알 수 있었다. 아이들의 팽이 놀이는 수업 시간에 그치지 않았다.

'선생님, 오늘 접은 팽이가 너무 좋아요. 지루하던 일상에 한 줄기 빛이 되어 애들과 더불어 엄마 아빠까지 신이 났어요. 오늘 10개는 더 접을 것 같네요.'

등교 수업 시간에 익숙해졌던 팽이 놀이를 떠올리며 접은 팽이로 온 가족이 즐거운 시간을 보냈다는 피드백이 들어왔다. 코로나의 위험으로 인해 외출이 어려워 집 안에만 있는 동안 온 가족에게 한 줄기 빛이 되었다는 말에 가슴이 뭉클해지기까지 했다. 이러한 피드백에 힘입어 온 가족이 함께 놀 수 있는 개구리도 접어보기로 했다.

개구리를 만들고 '누가 누가 멀리 뛰나' 시합을 해보도록 했다.

'선생님, 꼬리 부분을 위로 조금 들어 올려 살짝 접었다가 뛰니까 더 잘 뛰는 것 같아요.'

'팽이에 이어 이번 주말은 개구리를 데리고 잘 놀 듯합니다. 매주 감사드려요.'

교실에서라면 놀고 그쳤을 팽이 접기, 개구리 접기 활동이 원격 수업에서 시작하여 온 가족의 놀이문화에까지 기여할 수 있는 계기가 되었다.

• 체육 수업 사례 •

# 블렌디드 러닝으로 돌파하는 체육 수업

지난 4월 싱가포르 정부의 전격적인 원격 수업 지침이 내려진 후 발 빠르게 온라인 수업을 준비하는 다른 선생님들을 보면서 내심 부러웠다. 갑자기 찾아온 원격 체육 수업 앞에 막연한 두려움으로 당혹스러워하는 내 주위에는 이미 다양한 방법을 가지고 원격 수업 준비를 착착 진행하는 뛰어난 교사들이 많았기 때문이다. '하필 나는 왜 이런 시기에 체육 전담인가?' 체육 전담 교사라는 이유로 전교생으로부터 BTS 급의 인기를 한 몸에 받아온 나였지만, 이제 그 인기를 반납하고 그냥 일반 담임교사로 돌아가고 싶은 마음이 굴뚝같았다.

하지만 손 놓고 있을 수만은 없는 일, 책상 위에 체육 교과 지도서를 펼쳐보았다. 내용체계표(건강, 도전, 경쟁, 표현, 안전)가 눈에 들어왔다. 그 표와 학년별 교육과정을 훑어보면서 원격 수업으로만 가능한 영역과 등교 수업으로만 가능한 영역을 구분해보았다. 학급 친구들이 많아야 할 수 있는 경쟁 영역을 제외한 다른 4가지 영역에서는 의외로 많은 체육 수업이 온라인으로 가능하겠다는 생각이 들었다. 그렇게 구분하고 나니 막연했던 두려움도 사라지고 아이들에게 오아시스와 같은 체육 수업을 온라인에서도 잘 지켜낼 수 있을 것 같은 자신감이 생겼다. 뿐만 아니라 원격 수업에 대한 학교 방침이 '하루 8시간의 쌍방향 실시간 수업'으로 정해지면서 학생들이 긴 시간 동안 겪게 될 스트레스와 건강 문제에 관심을 가져야겠다고 다짐했다.

## 원격 수업을 위한 기초 체력은 건강 영역 수업에서부터!

코로나와 같은 전염병, 갑작스러운 천재지변 등으로 온라인 수업이 오랫동안 지속된다고 가정할 때 어떤 유형의 체육 수업을 먼저 실시해야 할까? 바로 건강 영역의 체력 운동이다. 초등학교 체육 교과 3~4학년군 건강 영역에서는 '맨손 체조', '줄넘기 운동', '나의 체력을 기르는 운동 계획' 등을 통해서 학생들이 본인의 체력에 관심을 갖고 스스로 계획을 세워 운동하는 습관을 기를 것을 강조한다. 5~6학년군에서는 '건강 체력', '운동 체력'이라는 개념을 사용하여 학생들이 보다 구체적인 체력의 요소들과 실천 방법을 알고, 계획을 세워 꾸준히 실천할 것을 요구한다. 이러한 체육 교과 지도서 분석을 토대로 학생들의 체력 향상 수업의 구체적인 방법을 고민했다. 이 기나긴 코로나 터널 속에서 체육 수업을 통해 학생들의 체력을 유지하거나 향상시킬 수 있는 방법은 무엇일까?

"강 선생님, 혹시 요즘 집에서 홈트레이닝 같은 것 해요? 어깨가 많이 넓어지고 살이 좀 빠지신 것 같아요."

최근에 더욱 건강해 보이는 동료 교사에게 물었다.

"타바타 운동을 꾸준히 하고 있어요."

인사차 던진 질문에 동료 교사로부터 '타바타' 운동을 처음으로 소개받았다. 1996년 일본 운동생리학자인 이즈미 타바타 박사는 4분 운동으로 1시간 운동 효과를 볼 수 있는 타바타 운동법을 개발했다. 타바타 운동법은 고강도의 운동을 20초간 실시하고 10초간 휴식하는 것을 1세트로 4분 동안 진행되고 체력 향상 및 체중 감량에 도움이 된다고 한다.

그 후 타바타 운동에 대해 유튜브를 검색하며 찾아보았다. 운동 강도가 매우 강한 것 같았지만 학생들에게 알맞은 동작으로 바꾸면 '멋진 맨손 체조'로 바꿀 수 있을 것 같았다. 그리고 다음과 같이 크게 2가지 형태로 타바타 운동 활용 방안을 계획했다.

먼저 1단계는 유산소 및 하체 근력 운동을 기르는 타바타 체조로 8가지 동작을 만들었다. 약 한 달 정도 '1단계 타바타' 수업을 했다. 평온한 음악과 함께 가벼운 스트레칭으로 체육 수업을 시작했다. 그 후 학생들은 자신들의 방이나 거실에서 신나는 음악에 맞춰 4분 동안 선생님의 타바타 체조를 따라 하게 된다. 즐겁게 춤을 추다 보면 어느새 이마에 몽글몽글 구슬땀이 맺힌다. 동작을 잘 따라 하는지, 딴짓을 하는 학생들이 없는지 좀 더 정확하게 관찰하기 위해 컴퓨터 모니터 2대를 사용한 것이 매우 도움이 되었다. 모니터 한 대의 화면은 학생들에게 자료를 보여주는 데 사용했고, 다른 모니터 화면은 학생들의 수업 참여도를 확인하고 잘못된 동작을 파악하여 피드백을 주는 용도로 사용했다. 원격 수업을 한 지 일주일쯤 지나자 수업 시간뿐 아니라 언제든지 타바타 운동을 보고 따라 할 수 있도록 영상을 제작해야 할 필요성을 느꼈다. 그래서 체육 교사인 필자가 직접 출연하는 영상을 제작해, 그것을 구글 클래스룸에 탑재하여 학생들이 언제든지 활용하도록 했다. 교사가 직접 출연해서 제작한 영상이 학생들에게 흥미도 있고 도움이 되었다는 피드백을 많이 받았다.

1단계 : 유산소 및 하체 근력 운동

2단계 : 복근 및 상체 근력 운동

남녀노소 누구나 의자에 오래 앉아 있게 되면 배가 나오고 몸의 신진대사가 떨어지기 마련이다. 그래서 2단계 맨손 체조는 복부 및 상체 근력 발달 중심으로 구성했다. 1단계 유산소 운동을 통해 기초 체력을 길러주고자 했다면 2단계 운동을 통해서는 몸의 중심(Core) 근력[01]을 단련하려고 했다.

이렇게 건강 영역을 중심으로 원격 수업 기간 중 체육 수업의 기초를 마련했다. 이어지는 등교 수업에서는 원격 수업 기간 동안 키워진 학생들의 체력을 확인하고 배웠던 내용을 정리했다. 등교 수업과 원격 수업 간의 연계를 위해 원격 수업 기간 중 수행평가 기준을 자세히 안내하여 학생들이 적극적으로 참여하도록 유도했다. 그리고 건강 체력에 관한 지식을 전수하고 실천을 강조함으로써 원격 수업 기간 중 스스로 건강 관리를 하도록 했다. 아래 그림은 원격 수업과 등교 수업의 블렌딩 예시로 등교 수업에서 실시했던 방법이다.

### 건강 영역 : 원격 수업 + 등교 수업으로 블렌딩하기

1. 나의 운동 계획표 세우고 실천 기록 작성 후 결과물 가지고 오기(수행평가 1)
   - 온라인 수업 기간 동안 학생들이 매일 자신의 운동 종류 및 운동 시간을 기록함
   - 등교 수업에서 '운동으로 인해 변화된 나의 삶'에 대해 경험담을 발표함
2. 타바타 체조 1단계 혹은 2단계 동작 외워서 실시하기(수행평가 2)
   - 온라인 기간 동안 수업을 통해 동작을 외우도록 함
   - 체육관에 모여서 다 같이 타바타 체조를 실시함
   - 학생들은 둘 중 하나의 체조를 선택해서 수행평가에 참여함

01 코어 근육은 우리 몸의 중심부인 등, 복부, 엉덩이, 골반 근육을 말하며 모든 움직임의 시작점이므로 코어 운동은 가장 기초운동이라고 볼 수 있다.

## 도전 영역, 표현 영역, 경쟁 영역 활동으로 원격 수업의 뼈대를 세우다

체육 수업을 체조로만 채울 수는 없다. 흥미와 재미 요소가 많이 떨어지기 때문이다. 수업 초반 10분에서 15분 정도를 스트레칭 및 건강 체력으로 알차게 진행한 뒤 도전 영역, 표현 영역 및 일부 경쟁 영역 내용으로 15분에서 20분 정도의 수업을 구성했다. 집에서 할 수 있는 운동, 게임 운동, 기록 운동, 음악 줄넘기 등을 실시했는데 수업 준비를 하는 데 많은 시간이 소요되었고, 무엇보다 체육이라는 교과의 한계에 부딪혀 아이디어가 고갈되어 힘든 점이 많았다. 그리고 학생들 대부분이 좁은 공간에서 혼자 체육 수업에 참여하는 상황이 많기 때문에 경쟁 활동(영역형 게임, 필드형 게임, 네트형 게임)을 수업에 적용하기에는 한계가 있었다. 따라서 수업 내용을 미리 영상으로 제작하여 수업에서뿐만 아니라 집에서 운동할 때 참고할 수 있도록 했다. 아래 그림은 필자가 수업 시간에 직접 활용해본 수업이다.

### 도전 영역+경쟁 영역

식탁 탁구

집 안 배드민턴

벽치기 탁구

리프팅

## 게임 운동

- 스크린 앞에서 선생님과 가위바위보 게임하기(다양하게 응용 가능)
- 풍선 게임, 페이퍼링 게임, 양말 저글링, 철인 3종 경기 등
- 소쿠바치비라 박수[02]
- 배구 : 언더핸드 토스, 오버헤드 토스

## 표현 영역

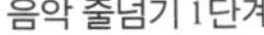

음악 줄넘기 1단계

음악 줄넘기 2단계

---

02 포르투칼어로 소쿠(soco)는 '주먹으로 치기', 바치(bate)는 '박수치기', 비라(vira)는 '펴라'는 뜻이다. 세 가지 손 동작이 서로 어우러지고 노래 속도에 따라 동작의 빠르기도 다양하게 변하기 때문에 학급 전체 학생들과 함께 해볼 수 있는 재미있는 손 유희 박수 게임이다. 음악과 동작은 유튜브에서 쉽게 찾을 수 있다.

### 도전·경쟁·표현 영역 : 원격 수업 + 등교 수업으로 블렌딩하기

교사가 원격 수업 기간 중 실시했던 수업 중에서 정확하게 조금 더 지도해야 할 운동과 더 발전시키고자 했던 운동을 등교 수업으로 선택함

- 배구

- 배구는 원격 수업 기간 동안 학생들이 집에서 가지고 있는 고무공이나 봉지 여러 장을 한 봉지 안에 넣어서 만든 '봉지 공'을 사용함
- 학교에서 언더핸드 토스 3시간, 오버헤드 토스 1시간, 네트형 게임 2시간, 수행평가 1시간으로 등교 수업을 구성함

- 저글링

- 저글링은 저학년 학생들이 굉장히 좋아했던 활동으로 협응력을 기르기에 좋은 운동임
- 원격 수업 시간 중에는 자신의 양말을 사용해서 2개까지 던지고 받는 수업을 했지만 학교에서는 저글링 공으로 3개까지 던지는 활동을 시도함

- 음악 줄넘기

- 온라인 수업 기간 중 음악 줄넘기 1~3단계까지 제작했으나 학생들에게는 2단계까지만 지도했고 3단계는 학교에서 실시함
- 온라인 기간 중 사용했던 영상을 학교 강당 대형 스크린에 띄워놓고 수업을 했을 때 학생들의 음악 줄넘기 몰입감은 최고였음

집에서 하는 체육 수업은 방향 설정과 준비 면에서 어려움이 많았지만 위에서 설명한 바와 같이 출석 체크 2분 → 고요한 음악을 배경으로 스트레칭 5분 → 건강 영역에서 맨손 체조 5~10분(필자는 타바타

운동 추천) → 중간 휴식 시간 3분 → 도전, 표현, 경쟁 영역에서 적절한 활동 선택 및 실시 15~20분 → 배움 나눔 및 과제 제시 5분 순으로 진행하면 좋을 듯하다. 그리고 등교 수업은 온라인 수업에서 부족했던 부분, 발전시켜야 했던 부분을 지도하고 필요한 평가와 피드백의 시간을 갖는 것으로 계획한다면, 온·오프라인 체육 수업이 맛있는 칵테일처럼 블렌딩될 것이라 생각한다. 또한 체육 수업 특성상 학생들이 실내에서 뛰어야 하는 경우가 많기에 층간 소음 등의 문제를 막기 위해서는 반드시 요가 매트나 패드, 이불 등을 깔거나 실내 운동화를 신고 참여하도록 학생들에게 안내하면 더욱 좋을 것 같다.

Blended Learning

PART 4

# 함께 만들어가는 블렌디드 러닝

# 블렌디드 러닝의 현실적인 고민들

앞 장에서 싱가포르한국국제학교의 다양한 수업 사례들을 살펴보았다. 수업을 즐겁게 해나갔음에도 불구하고 수업 형태가 갑자기 변함에 따라 우리는 많은 어려움을 겪었다. 그래서 이제 우리가 그 어려움을 어떻게 풀어야 하는지에 대해 이야기해보려고 한다. 우리는 충분히 잘 해왔고 잘 해낼 것이다. 혼자가 아니라 함께한다는 생각으로 같이 고민해보자. 차근차근 고민들을 풀어나간다면 미래 교육의 실마리를 발견할 수 있을 것이다.

## 학생들이 겪는 어려움

먼저 가정에서 진행되는 원격 수업 시간이 늘어남에 따라 저학년에서 고학년에 이르기까지 학생들이 저마다 다른 어려움을 겪고 있다.

저학년은 자기 관리 능력이 부족하고 기초 생활 습관이 아직 덜 형성되어 있어서 자기 주도적으로 원격 수업을 해나가는 데 한계가 있다. 또한 스마트 기기 사용이 서툴다 보니 다양한 기능을 수업에 활용하지 못한다는 아쉬움이 있다. 학생들은 영어 시간, 중국어 시간, 한국어 수업 시간마다 다른 수업 코드(줌 아이디)를 입력해야 했다. 또한 교사마다 온라인 수업 진행 방식도 달랐기 때문에 많은 학생들이 어려움을 토로했다. 따라서 우리 학교 선생님들은 대면 수업에서 매주 주간학습안내가 나가듯이 원격 수업용 시간표를 따로 만들어서 그 속에 수업 준비물, 수업 코드, 주의점 등을 함께 담아서 배부했다.

반대로 고학년은 오히려 전자 기기를 잘 다루다 보니 발생하는 문제점들이 있다. 수많은 정보에 노출되어 있다 보니 저작권 침해, 악플 등 사이버 윤리에 어긋나는 행동들을 하기가 쉽다. 또한 스마트폰 및

컴퓨터 교육 대면 수업

영상 중독 문제, 인간적인 소통 단절로 인한 개인주의 성향 강화 등의 문제가 발생할 수 있다. 이 외에도 장시간 전자 기기 노출로 인한 시력 저하와 같은 학생들의 건강 문제도 우려가 된다.

"선생님! 쌍방향 수업 시간을 좀 줄여주시면 안 되나요?" 한 어머님께서 메시지를 보내셨다. "하루에 8교시 동안 아이가 화면을 보고 있으니 걱정이 많이 되네요." 시력이 점점 나빠진다는 말씀도 하셨다. 선생님들도 고민에 빠졌다. 당장 수업 시간을 줄일 수 없었기 때문에 우리는 수업 시간 안에서 여유를 두는 방법을 선택했다. 간단한 스트레칭, 먼 산 바라보기, 명상 등의 휴식 시간을 자주 가지며 몸의 피로를 덜어주었다. 그리고 쌍방향 수업을 진행하지만 화면이 아닌 교과서나 물리적인 자료로 눈을 잠시 돌릴 수 있도록 수업 활동을 수정했다.

## 교사가 겪는 어려움

수업의 형태가 블렌디드 됨에 따라 교사들도 많은 어려움을 겪고 있다. 먼저 학습 지도 측면에서, 교육과정을 재구성하고, 적절한 수업 자료를 준비하는 등 교사에게 보다 많은 시간 투자와 노력이 요구된다. 또한 블렌디드 러닝으로 인해 벌어지는 학습 격차, 효율적인 평가 방법에 대한 고민도 한몫하고 있다.

"선생님, 이해가 안 돼요. 모르겠어요." 수학 시간에 문제 푸는 시간을 주자 스스로 풀지 못하고 끙끙대는 아이가 있었다. 이대로 넘어가면 다음 수업에도 지장이 있으니 그냥 놔둘 수가 없었다. 그래서 최대한 당일 쉬는 시간 또는 방과 후에 10분 정도 시간을 투자해서 다른 학생들과 틈이 벌어지지 않도록 했다. 학습 격차는 작은 틈새에서 시작한다. 따라서 우리는 그 틈이 벌어지기 전에 매 시간 체크하고 피드백을 해주려고 노력했다.

생활 지도에서도 마찬가지다. 원격과 대면을 오가며 학생들의 친구 관계, 생활 습관 등을 살펴야 하며 그로 인해 발생하는 여러 가지 문제들을 실시간으로 해결해주어야 하는 어려움이 있다. 학생들의 심리 상담, 인성 지도 또한 중요한 부분으로 떠오르고 있다. 따라서 교사가 학생들의 학교생활뿐만 아니라 가정생활까지 관여해야 하는 난감한 상황이 발생하기도 한다.

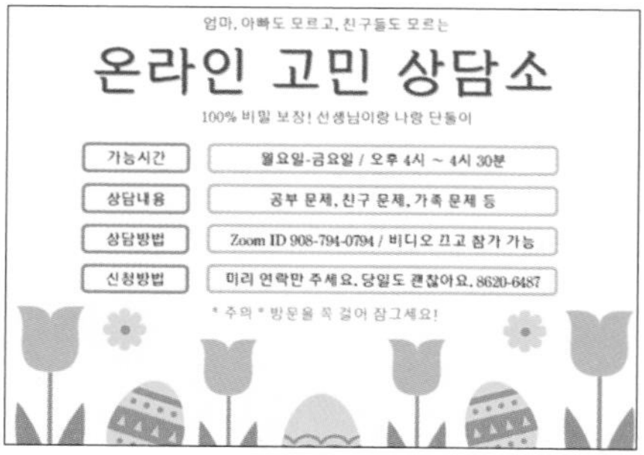

온라인 고민 상담소

"선생님, 저 너무 힘들어요." 집에 있는 시간이 늘어남에 따라 학생들의 고민도 늘어났다. 대면 수업에서는 곧바로 도움을 줄 수 있지만 원격 수업에서는 상담 진행이 다소 어려웠다. 따라서 우리는 '온라인 고민 상담소'를 열었다. 교사가 상담 가능한 시간을 열어두고, 고민이 있는 학생들이 상담을 신청하게 했다. 그랬더니 생각보다 많은 학생들이 상담을 신청했다. 이 상담소는 원격 수업뿐만 아니라 대면 수업에서도 이어서 진행했는데, 학생들의 반응이 꽤 좋았다.

## 학교가 겪는 어려움

학교 차원에서는 여러 가지 선택의 문제가 발생한다. 등교를 할 것인가 말 것인가, 등교를 한다면 일주일에 몇 회를 할 것인가, 방역은 어떻게 얼마나 자주 할 것이며 교사와 학생들은 어떻게 관리할 것인가 등 선택의 연속이다. 어떤 선택이든 모두가 100퍼센트 만족하는 선택은 없다. 그렇기에 학교 관리자와 관계자들은 항상 고민에 빠져 있다.

4~5월 두 달간의 쌍방향 온라인 수업 시간을 하고 6월 등교를 앞둔 시점, 우리는 화상 회의를 열었다. 교장, 교감 및 사무국장, 그리고 전 한국어부 초등 교사들이 한 화면에 모였다. 회의 전에 실시한 학부모 온라인 설문 조사를 바탕으로 우리는 2·3·4학년과 1·5·6학년이 한 주씩 격주로 등교하는 방법을 선택했다. 설문 조사 결과 1학년 학부모님들의 등교 수업 찬성률이 상대적으로 낮았고, 싱가포르 정부에서 학생 수의 절반만 등교하기를 요구했기 때문에 결정한 방법이었다(7월부터는 정부 규제가 완화되어 현재까지 매일 전교생 대면 수업을 진행하고 있다).

동아리 활동, 과학 행사에서도 고민은 이어졌다. 학생들에게 다양한 배움 기회를 제공하면서도 안전하게 진행할 수 있는 방법들을 떠올렸다. 전교생이 섞이는 기존 동아리 활동은 반별 동아리 활동으로 변경했고, 동시에 학생들의 흥미를 최대한 반영하려고 했다. 부스 체험 형식으로 진행되던 과학 행사는 학생들이 아닌 교사들이 움직이는 방식으로 바꾸었다. 과학 활동 수는 줄었지만, 활동별 시간은 늘어났기 때문에 학생들의 과학적 호기심과 탐구력은 기존처럼 충분히 자극할 수 있었다.

이외에도 학교는 갑작스런 코로나19 발생으로 인해 학교 예산 문제, 크고 작은 민원 등으로 인해 많은 혼란을 겪고 있다. 수많은 대처 방법들이 있겠지만 무엇보다 중요한 것은 학생들의 안전이다. 안전한 환경이 바탕이 되었을 때 학생들은 마음 놓고 배움에 집중할 수 있다. 학교는 보이지 않은 곳에서 누구보다 발 빠르게 움직이고 있다. 이렇듯 학교의 현명한 선택이 학생들의 배움을 좌우한다.

# 블렌디드 러닝을 통한 자기 주도 학습 역량과 인성 교육

블렌디드 러닝을 준비하고 진행하면서 가장 필수적인 요소는 무엇일까? 바로 학습의 주체인 학생들의 자기 주도성이라고 할 수 있다. 우선 자기 주도성에 대한 정의를 살펴보자. '자기 주도성'이란 스스로가 자신의 삶에 대해 책임을 져야 한다는 의미이다. 스티븐 코비는 자신의 저서《성공하는 사람들의 7가지 습관》에서 "어떤 사람의 행동을 볼 때 주도적인 사람의 행동은 주변 여건에 의해 영향을 받은 것이 아니라 스스로의 의식적 선택의 결과인 것이다"라고 얘기한 바 있다. 이러한 '자기 주도성'은 미래 사회에서 꼭 필요한 역량으로 꼽힐 수밖에 없다. 그리고 미래 교육에서는 평생 끊임없이 스스로 공부하는 자기 주도적인 학습자가 될 수 있게 하는 것이 교육의 핵심 주제가 될 수밖에 없다.

평생 학습자가 될 수 있도록 자기 조절이 바탕이 된 '자기 주도성'

을 담은 핵심 역량이 필요하다.[01] 2015 개정 교육과정에서도 창의 융합형 인재를 기르기 위해 필요한 역량으로 자기 관리 역량을 제시했다.[02] 그렇다면 미래로 향하는 교육에서 블렌디드 러닝을 통해 '자기 주도' 학습 역량을 어떻게 기를 수 있을 것인지 함께 고민해보자.

## 자기 주도 학습 역량을 키우는 방법들

첫째, 출석부터 학생 스스로 체크하도록 한다. 원격 수업을 할 때 출석 체크에 대한 학생들과의 약속이 되어 있지 않으면 교사가 출석 체크 시 등교하지 않은 학생을 무작정 기다리며 시간을 낭비하는 경우가 생긴다. 자발적인 출석 체크 시스템이 마련되어 있다면 조금은 더 재미있게 등교할 수 있을 것이다. 예를 들어, 자발적인 출석 체크를 위해서 교사는 원격 수업 시 줌의 화면 공유 기능을 통해 화이트보드 판을 열어둔다. 물론 이때 줌의 호스트인 교사뿐 아니라 참가자인 학생들도 공유된 화면에 글씨를 쓸 수 있도록 기능을 확인해둔다. 등교한 순서대로 번호를 매겨서 직접 학생 본인의 이름을 쓰도록 한다. 등교 첫 번째 학생부터 반 정원의 절반까지는 200점, 그 이후는 100점을 받도록 하여 교사가 매일 출석 점수를 기록한다. 이 출석 점수는 나중에

---

01 김아영, "미래 교육의 핵심 역: 자기주도성" 초록, 교육심리연구, 28권 4호, 25쪽

02 이상수, 2015 개정 교육과정의 핵심 내용과 방향, 서울교육, 특별기획VOL.226.봄호

대면 수업 시에 다른 학급 보상 제도와 연계되도록 한다. 이렇듯 원격 수업과 대면 수업을 자연스럽게 연결해두어야 스스로 하는 출석이 학습 과정의 첫 단추임을 학생이 깨닫게 된다.

둘째, 학습의 구체적인 과정은 학생이 계획할 수 있는 부분도 포함되도록 한다. 미국의 칸 랩 스쿨처럼 학생이 학습 목표와 학습 계획을 스스로 정할 수 있는 방법을 가르쳐주는 것은 자기 주도 학습 역량을 키울 수 있는 이상적인 방법이다. 대한민국에서 가능한 방법을 생각해 보면, 우선 교사가 교육과정에 나타난 학습의 진도에 맞추어 수업을 구성하여 제시한다. 전체적인 단원 학습에 맞춰 필요한 조사나 사전에 학습해야 하는 내용을 미리 안내하면 학생이 선택하여 학습을 준비할 수 있다. 이처럼 학생이 스스로 학습하고자 하는 열의를 불러낼 수 있는 가장 쉬운 방법은 학생에게 공부할 내용에 대한 선택권을 주는 것이다.

셋째, 학습의 결과를 확인하는 방법이 다양화되어야 한다. 학업 성취도를 확인하고 평가하거나 다음 수업에 반영하는 것은 매우 중요한 수업의 과정이다. 전통적인 평가 방법인 지필평가, 문답평가 외에도 수업을 통해 배운 것을 그 내용에 적합한 수업 방법에 맞춰 원격 수업 혹은 대면 수업을 통해 확인하도록 한다. 예를 들어, 학생이 창작한 이야기 발표나 개별 미술 작품 발표를 하는 경우 상호 집중도가 높은 원격 수업을 할 때 발표하도록 한다. 반 친구들의 피드백은 발표하는 학생에게 방해되지 않도록 바로 채팅창에 올리도록 할 수 있다. 이렇게 하면 발표를 들으면서 놓치지 않고 칭찬할 점, 개선할 점 등을 빠르게 전달할 수 있다. 또한 역할 놀이를 통한 평가를 진행한다면, 대면 수업에서 역할 놀이를 하면서 결과를 가늠할 수 있다. 그러나 결과를 위한 연습은 원격 수업에서 소그룹 회의실을 열어 할 수 있게 하고, 교사는 소그룹 회의실에 들어가서 자세한 관찰평가를 할 수도 있다. 이때 학생들은 소그룹 회의실에서 보다 주도적으로 서로 토론하고 의견을 나누며 발전해나가는 모습을 보여준다.

## 블렌디드 러닝에서 필요한 인성 교육

블렌디드 러닝에서 교사가 매우 관심을 두어야 하는 또 하나의 부분은 학생의 인성 교육이다. 학생들은 학교에서 친구들을 만나서 얼굴을 맞대고 의사소통한다. 물론 갈등이 야기되기도 하고 그 갈등을 해결하는 방법을 배우기도 한다. 교사는 평화로운 교우관계뿐 아니라 불편한 갈등 관계에도 관심을 가지고 교육을 한다. 평생 타인과 더불어 살아가는 우리 학생들을 위해서 배려와 공감 등의 교육을 하는 것이다. 블렌디드 러닝에서는 대면 수업과 원격 수업으로 이루어져 있으므로 대면 수업에서뿐만 아니라 원격 수업에서도 인성 교육이 필요할 수밖에 없다. 그렇다면 블렌디드 러닝에서 필요한 인성 교육은 어떻게 하면 좋을지 살펴보도록 하자.

첫째, 다른 사람의 입장이 되어보도록 한다. 원격 수업에서 주의해야 할 부분은 화면 캡처라든가 채팅방에서의 욕설이나 따돌림 등 온라인에서의 폐해가 쉽게 나타날 수 있다는 것이다. 하지만 놀림이나 조롱의 대상이 자기 자신이 된다고 생각하면 그렇게 할 수 있는 학생은 거의 없다. 그렇다면 교사는 학생들이 피해를 보는 다른 사람의 입장이 되었을 때 어떤 느낌을 느낄지, 어떤 생각이 들지 미리 알려주어야 한다. 필자는 교육 실험 동영상을 보여주고 학생들이 느끼는 감정을 솔직하게 나누게 했다. 이때 바로 말로 발표할 수도 있지만 자신의 생각을 글로 정리한 후에 발표하도록 하면 학생들은 더욱 깊이 감정이입이 되고 공감을 한다. 이는 원격 수업에서도 충분히 이루어질 수 있는 인성 교육이다.

둘째, 다양한 상황에 있는 '나'의 역할 놀이를 한다. 도덕 수업과 관련을 지어 다양한 상황에 처한 '나' 자신의 역할을 대변하도록 한다. 줌의 소그룹 회의실에서 '나'의 역할을 친구들과 서로 바꾸면서 진행하면 매우 효과적이다. 소그룹 활동이 끝난 후에는 꼭 전체 활동으로 소감을 발표하도록 한다. 소감을 함께 나누면서 다시 한번 올바른 공동체로서의 역할과 존중해야 할 타인에 대해서 배우도록 한다.

셋째, 반 친구들과 함께 나누고 싶은 따뜻한 말 나무를 만든다. 언어는 사고의 결과로서 입 밖으로 나타나는 결과일 수도 있다. 또한 사피어 워프의 가설(Sapir-Whorf hypothesis)[03]을 굳이 끌어다 이야기하지 않더라도 언어가 사고와 행동을 자극하고 결과로 끌어낼 수도 있기에

03 모국어(native language)가 그 사람이 사고하는 방식에 매우 강한 영향을 준다는 가설로, 1929년에 처음 사피어(Sapir)가 주장하고 그의 제자인 워프(Whorf)의 사후에 출간된 책에 의해 1950년대에 유명해졌다.

어떤 언어를 사용하느냐는 매우 중요하다. 원격 수업을 하면서 서로에게 하고 싶은 말, 친구에게 듣고 싶은 말에 대해 이야기를 나누고 메모지에 적는다. 연계된 대면 수업에서 적은 메모지를 가져오도록 하여 교실 벽면 한쪽에 '따뜻한 말 나무'를 만들고 메모지를 나뭇잎으로 장식한다. 학생들은 스스로 찾은 따뜻한 말을 쉬는 시간이나 점심 시간 등 수시로 쳐다보고 무의식적으로 익히게 된다.

## 선생님의 사랑과 관심이 곧 마법약!

블렌디드 러닝을 통해 제대로 된 학업 성취를 이루고 친구들과도 스스럼없이 자유롭게 자신의 의견을 이야기할 수 있고 다른 친구를 존중할 수 있는 학생은 드라마나 영화에 있는 모습이 아니다. 친구를 배려하고 스스로 공부하는 학생은 선생님의 관심과 사랑만 있다면 일반 교실에서도 충분히 만날 수 있다. 자기 주도성이 부족한 친구들을 위해 학급 경영 제도를 정비하여 준비하고 교사가 꾸준한 관심을 보이며 함께할 수 있도록 격려한다면, 시간의 차이는 있을지라도 조금씩 스스로 학습하는 법을 터득할 것이다.

또한 타인에 대한 배려나 공감을 배우지 못했던 학생들이 대면 수업 시 교실에서, 혹은 원격 수업 시 화면에서 친구들과의 갈등을 만들 수 있다. 그때 제일 먼저 교사가 해야 할 일은 그 학생들의 입장이 어떤지 살피고 공감해주는 것이다. 공감해주는 누군가가 있고 배려를 받아본 학생은 마음이 조금씩 열리고, 교사가 인성 교육을 위해 준비한 여러 활동을 거치면서 타인과 더불어 살 수 있는 공동체의 일원으로서 인정받는 사람이 될 것이다. 결국 아이들은 선생님의 사랑과 관심이라는 마법약이 있어야 마법처럼 변할 수 있다.

# 블렌디드 교육과정 재구성과 평가

전 세계적인 위기 앞에 가장 우선시 된 것은 안전한 환경 및 안전 교육이었다. 가정에서의 쌍방향 원격 수업을 통한 학교 교육은 선제적 대응을 통해 학생의 안전한 학교생활을 위한 최선의 대책이었다.

한 번도 겪어보지 못한 쌍방향 온라인 수업으로 가정의 보육 부담 증가, 교사의 온라인 교육과정 경험의 부족, 원격 수업을 위한 IT 장비의 준비 과정 등 많은 어려움이 있었지만, 몇 주 후 등교 수업이 곧 이루어질 거라는 희망을 가지고 교사, 학생, 학부모 모두가 협력했다. 그러나 코로나19의 장기화로 원격 수업 기간이 길어지고 이제는 원격 수업이 필수임을 인식하고 등교 수업과 교육과정 운영에 대해 함께 논의할 수밖에 없는 현실적 상황이 도래했다.

## 불확실한 상황에 대한 대처

코로나19로 인한 교육 현장의 불확실한 상황이 하루하루가 다르게 변하기 때문에 그 누구도 대면 수업의 시기를 예상할 수 없었다. 그렇기에 전면적인 원격 수업 구성이나 등교를 예상한 대면 수업 구성은 많은 토의가 필요했다. 교사들은 블렌디드 수업을 적용을 위한 다양한 온·오프 학습 자원을 정리하여 각 학년의 교육 내용에 적용하기 위한 협력과 토의를 통해 교육과정을 수립하며 운영해나갔다. 한 번도 가보지 않았던 길이지만 함께하기에 외롭지 않았고, 학생을 위해 최선의 교육과정을 만들기 위해 노력했다.

## 학생 맞춤형 교육을 통한 학습 소외 최소화

블렌디드 교육과정을 진행하며 학생들에게 의미 있는 배움이 일어났는지, 교육과정에서 다루고 있는 내용을 얼마나 제대로 이해하고 있는지에 대한 많은 논의가 있었다. 학생의 다양성에 맞는 맞춤형 교육을 할 수 있도록 교수 학습을 다양화하고 학생 개별 피드백을 통해 학습자들에게 맞는 최상의 학습 환경을 제공했다. 쌍방향 온라인 수업 중 학습에 대한 흥미 유발 및 동기 부여를 위한 학생 개인별 쪽지 보내기, 학생별 메신저로 화상 전화를 통한 학습 점검 및 수업 후 수업 내용에 대한 질문 받기, 개별 맞춤형 수준별 자료 온라인 제공 등 학습 소외를 최소화하기 위해 노력했다.

## 핵심 역량과 교육 내용을 과목별로 재조직

첫 주의 재택 학습은 쌍방향 원격 수업을 위한 접속 방식과 설비 및 기기 지원 등의 물리적 환경 구축, 소프트웨어 활용에 초점을 둘 수밖에 없었지만 학교와 가정이 함께하는 노력과 적극적인 대처로 원격 수업이 빠르게 자리 잡았다. 2주부터는 교육과정의 과목별 역량 분석을 통해 원격 학습에 효과적인 내용 분석 및 향후 대면 수업을 위한 교육 내용을 나누고 교육과정을 재구성하는 데 중점을 두었다.

## 학생 주도성 수업 및 성장 중심 평가의 연계 강화

'학습의 과정과 결과에 대한 피드백을 통해 학생의 성장과 발달을 돕는 평가'라는 성장 중심 평가의 취지에 따라 가정의 안과 밖에서 학생이 주도적으로 할 수 있는 프로젝트를 스스로 계획하고 실행할 수 있게 학생과 교사가 함께 소통했다. 교과 내용 중심을 탈피해 학생이 직접 참여하고 결과를 온라인 학습 툴에 올려 친구들과 함께 나누고 토의하며 성장하는 수업과 평가의 연계를 위한 교육과정 재구성을 위해 노력했다.

## 정서 안정과 기본 생활 습관 형성을 위한 가정과의 협력

원격 수업의 장기화로 학생뿐만 아니라 학부모도 많은 어려움과 피곤함을 호소했다. 원격 수업 환경에서의 친구들과 소통, 함께하는 신체적 활동이 불가능한 이 시기에 장시간 쌍방향 온라인 수업은 많은 인내심을 필요로 한다. 물론 대면 수업 환경에서처럼 완벽히 보완할 수는 없겠으나 학생들의 감정을 해소할 수 있는 학습 내용의 재구성 및 쌍방향 원격 수업 학습 툴 안에서의 다른 학생들과의 공감대 형성, 소통을 위해 많은 노력을 기울였다. 그렇기에 가정과의 협력을 통해 학생 정서 안정을 위한 학부모 상담과 학생들에 대한 직접적인 대화가 필요하다. 또한 학생 개인별 학습 환경, 학습 방식에 대한 코칭과 학생들의 학습 루틴에 대한 체계적인 교육이 이루어질 필요가 있다.

## 수업의 중심을 개개인 학생으로

블렌디드 러닝 교육과정 재구성과 평가의 핵심은 '자기 주도적 학습 역량 신장'과 '수업의 개별화'에 있다. 현실에서 구현하기 힘든 뜬구름 같은 이상적인 목표였던 학생 맞춤형 개별화 수업을 블렌디드 러닝은 여기, 이곳에서 실현 가능한 것으로 만들었다. 평가 또한 같은 내용을 배워 같은 잣대로 일률적인 시험을 보는 것이 아니라, 각자 자신의 학습 목표를 세우고, 그 달성 정도에 따라 성장 중심의 평가를 받아야 한다. 답을 베끼는 부정행위 자체가 불가능한 평가이다.

## 교육과정 재구성의 목표 : 내 몸에 꼭 맞는 맞춤 디자인

교사는 국가, 지역, 학교 교육과정에 대한 이해와 해석을 기반으로 맞춤형 디자인의 교육과정을 만들어가야 한다. 그 첫 단계는 자신이 맡은 학생들의 다양한 요구와 필요에 대한 분석이다. 학생 개개인의 차이와 다양성을 고려한 학생의 삶과 경험이 연결된 교육과정을 개발하여 학생의 성장과 발전을 촉진하는 것이다.

블렌디드 러닝은 학생의 역량을 기르는 교육 전문가적 철학을 담고 있는 교사별 교육과정과 크게 다르지 않다. 블렌디드 러닝은 수업을 구현하기 위한 하나의 방식이기 때문에 기존 교사별 교육과정이 의미하는 교사에 의한 교육과정 개발은 여전히 같은 맥락에서 작동되어야 한다.

그러한 특징을 바탕으로 온라인과 오프라인에서 함께 병행하는 적극적인 교육과정 재구성이 코로나19 시대에 요구될 뿐이다. 따라서 코로나19 시대의 교사별 교육과정은 학생들이 살아가고 있는 현재의 모습과 상황, 학습 조건 등을 추가적으로 반영하여 학생의 앎과 삶이 일치되는 교육과정을 만들기 위해서 온·오프라인을 연계하여 교육과정을 디자인하는 것이다. 결론적으로 교사별 교육과정은 온·오프라인 환경 속에서 학생의 흥미와 학습 동기를 불러일으킬 수 있는 학생주도적 교육과정 개발이라고 볼 수 있으며, 이러한 흐름에서 블렌디드 러닝은 교사별 교육과정을 구현하기 위한 도구적·기능적·맥락적 기능을 담당하며, 학생 맞춤형 교육과정 디자인을 통해 학생의 역량 향상에 초점을 맞춘다. 또한 이러한 향상 정도를 평가하도록 수업을 설계한다.

## 학생 주도형 블렌디드 교육과정 설계

학생 주도형 학습을 위한 교육과정 재구성이 이루어져야 한다. 이때 학생이 학습 동기와 의욕을 가지고 프로젝트 활동을 계획하고 즐겁게 참여할 수 있게 수업 내용을 재구성해야 한다. 단일 교과 내 차시 증배나 감축 또는 교과 간 재구성 등을 통해 학생이 중심이 되는 교육과정으로 구성한다.

학생이 즐겁게 참여할 수 있는 교육과정 재구성이어야 한다. 교육 그 자체는 목표가 아닌 학생이 목표를 이루기 위한 선택지이다. 교사는 학생 스스로가 목표를 세울 수 있게 돕고 학생은 목표를 이루기 위해 노력하고, 친구들과 즐겁게 협력할 수 있는 교육과정이 될 수 있어야 한다.

학생의 학습 내용 출발점 점검 및 경험을 파악해야 한다. 학생의 개별 역량, 학생 주도성, 개별 독서 시간, 의미 있는 학습 시간, 학습 경험 등 실행 가능하고 신속한 피드백을 위해서는 학생을 관찰하고 대화를 통해 학생 맞춤형 교육과정에 대한 기반을 조성해야 한다.

학습 목표를 이루기 위한 학습 내용을 통합해야 한다. 개별 맞춤형 학습 내용 조직하는 데 있어 학생의 학습 시간, 학습 주기, 그 밖의 일과를 통합하여 학생의 주도적 학습 경험을 제공해야 한다. 이를 위해 교육 환경 재구성을 통한 교육 공간 혁신으로 최적의 학습 장소를 만들어주어야 한다.

배려하고 존중하는 민주적 공동체 문화를 만들어야 한다. 상호 존중하고 배려하는 학습 태도는 개별 학습 및 협력 학습에서 중요하다. 공동체 구성원이 수평적 관계 속에 민주적인 규칙을 만들고 소통하며 함께 배우며 성장하는 문화를 만들어야 한다. 교사는 학생들을 소중한 파트너로 여기며 민주적이고 건강한 공동체 문화를 만들기 위해 노력해야 한다.

## 앎과 삶이 일치되는 학습 경험 속에서 이뤄지는 학생 평가

학생의 학습 환경 및 경험을 고려한 성취 기준을 재구성한다. 블렌디드 러닝의 교육과정-수업-평가의 연계를 위한 학교와 학생의 물리적 환경과 학생의 학습 역량을 고려해야 한다. 학생들의 삶 속에 의미 있는 학습 내용이 될 수 있게 성취 기준을 재구성하여 온·오프라인 학습 활동 및 평가를 연계한다. 이때 블렌디드 러닝의 환경 요소, 학생의 역량을 고려하여 교수 학습과 평가를 부분 또는 새로 설계할 수 있다.

평가와 피드백은 학생 중심으로 함께 제시되어야 한다. 학생의 삶과 경험을 고려해 교육과정과 수업 설계가 이뤄져야 한다. 또한 학생이 성취 기준에 도달할 수 있는지 그 여부를 판단하기 위한 학생 성장 중심형 평가가 이뤄져야 하며, 그 평가 기준이 학생들의 수업 중과 수업 후 피드백과 함께 이루어질 수 있도록 해야 한다.

학생 맞춤형 과제 제시 피드백을 실천한다. 교사는 조력자와 관찰자의 역할을 통해 현실에 존재하는 사례 또는 가상의 사례 등 우리 삶 속의 문제와 연관된 학습 활동을 제공한다. 학습자는 잘 설계된 상호 작용형 온 · 오프라인 학습을 통해 성장에 도움을 받을 수 있다. 교사 중심의 강의식 교육이 아닌 학생에게 확장 가능한 질문을 던지고 학생이 그 문제를 해결해나가며 학생의 발전 정도에 따른 맞춤형 피드백을 제공한다. 학생의 성취 수준 도달 여부 및 흥미와 활동을 관찰하여 학생의 특성 및 교육 환경에 적합한 학생과의 소통, 과제 제시, 수준별 피드백 등을 통해 학생의 행복한 성장을 이끌어줄 수 있다.

잘 짜여진 프로젝트 교육과정 재구성을 통해 교육과정이나 과목에서 온라인 콘텐츠가 학습의 중추 역할을 하고 있다. 온라인 콘텐츠는 완전 학습을 가속시킬 뿐만 아니라 적시 학습을 가능하게 했다. 그래서 지식 습득을 통한 토의, 토론과 같은 쌍방향 학습 경험을 위한 시간 확보 및 역량을 성장시킬 수 있다. 교사는 내용 중심의 전달형 콘텐츠에서 벗어나 학생의 성공 경험을 위한 프로젝트 개발에 시간을 확보할 수 있다. 학교가 더 많은 온라인 경험을 교육과정에 녹여낼수록 더 많은 학생의 성장을 이끄는 데 공헌할 수 있을 것이라고 기대한다.

# 지속 가능한 이상적인 한국형 블렌디드 러닝

블렌디드 러닝을 지속해야 하는 이 시점에서 우리는 먼저 1년 뒤, 2년 뒤, 10년 뒤를 생각해보아야 한다. 당장 눈앞에 주어진 수업을 해나가는 것도 중요하지만 더 먼 미래를 그리면서 수업을 이어가야 할 필요가 있다.

배움의 공간은 이미 확장되었고 배우고자 하는 마음만 있으면 누구든 배울 수 있는 시대가 되었다. 필요한 기능을 스스로 습득하고, 창의적으로 해석해서 자신만의 삶을 만들어가는 미래 인재를 길러내기 위해 우리가 만들어야 할 진짜 블렌디드 러닝은 무엇일까?

## 블렌디드 러닝 준비 :
## 기회는 준비된 자의 것이다

### 1단계 : 교육 목표 설정

먼저 해당 학교의 교육 목표를 확인한다. 큰 비전 하나를 잡고 세부 교육 목표를 나누어도 좋고, 큰 교육 목표 하나만 잡고 시작해도 좋다. 싱가포르한국국제학교는 '인성과 지성을 겸비한 글로컬 인재 양성'을 비전으로 아래와 같이 3가지 교육 목표를 두고 있다. 여기서 글로컬은 Global과 Local을 합한 단어이다.

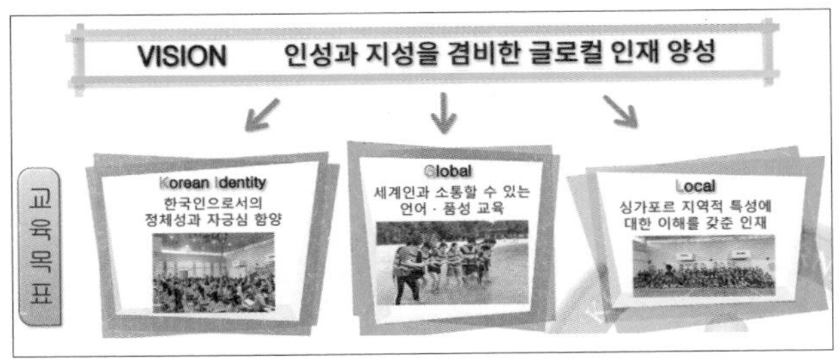


싱가포르한국국제학교의 교육 목표

이를 바탕으로 교사는 학급 교육 목표를 설정한다. 교육 목표는 우리에게 방향을 안내한다. 1년간의 학급 경영, 나아가서 학생들의 먼 미래를 위한 비전을 정한다. 아래 예시를 참고해서 각 학급별로 빛나는 교육 목표를 만들어보길 바란다. 교사, 학생, 학부모가 교육 목표를 함께 공유하고 노력해나간다면 우리는 이미 훌륭한 미래 지도를 가지게 된 셈이다.

| (예시) 학급 비전 : 배움을 즐기는 어린이 | | | |
|---|---|---|---|
| 교육목표 | (1) 1인 1 브랜드 만들기<br><br>배움을 즐기기 전에 먼저 나를 알아본다. 그리고 각자에게 맞는 배움의 폭을 넓힌다. | (2) 놀이로 함께 배우기<br><br>다양한 놀이를 통해 친구들과 함께 즐겁게 배움에 임한다. 협동과 신뢰를 쌓는다. | (3) 온책으로 힘 기르기<br><br>1~2권의 책을 깊이 있게 반복하면서 다양한 힘을 기른다. 배운 것을 삶 속에서 실천한다. |

## 2단계 : 교육과정 재구성

교육과정 재구성은 어렵지 않다. 이미 교사들이 교실에서 자연스럽게 수행하고 있는 것이기도 하다. 학생들의 학습 수준, 교실 상황 등에 따라 필요한 부분을 선택하고 가감하여 재배열하는 것을 의미한다. 블렌디드 러닝 재구성에서 중요한 것은 등교일과 수업 흐름에 맞게 수업 형태를 미리 계획해두어야 한다는 것이다. 수업 형태에 따라 수업 활동이 얼마든지 바뀔 수 있기 때문이다.

아래 예시는 한 단원 내에서 차시별 활동 주제를 이용해서 블렌디드했지만, 상황에 따라 과목별 성취 기준을 모아서 블렌디드할 수도

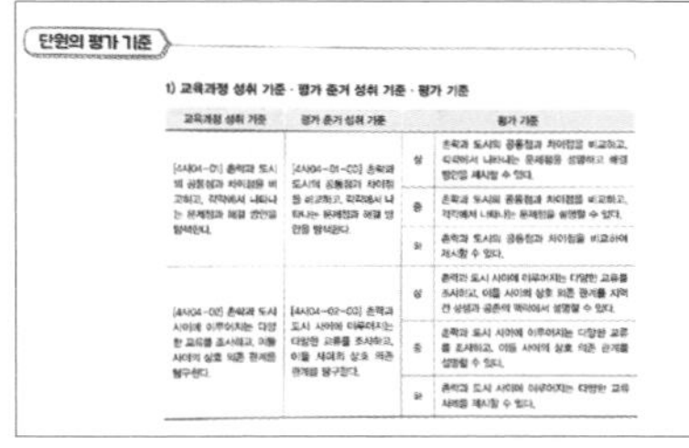

단원의 평가 기준

1) 교육과정 성취 기준 · 평가 준거 성취 기준 · 평가 기준

| 교육과정 성취 기준 | 평가 준거 성취 기준 | 평가 기준 | |
|---|---|---|---|
| [illegible] | [illegible] | 상 | [illegible] |
| | | 중 | [illegible] |
| | | 하 | [illegible] |
| [illegible] | [illegible] | 상 | [illegible] |
| | | 중 | [illegible] |
| | | 하 | [illegible] |

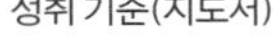
성취 기준(지도서)

차시별 활동 주제(교과서)

있다. 프로젝트 학습 주제를 선정하고 과목별 활동 주제나 성취 기준을 가져오는 방식도 있다. 어떤 방식이든 좋으니 상상력을 더해서 자유롭게 재구성해보길 바란다.

### 3단계 : 평가 계획 수립

여기에서는 간단한 평가 계획만 세운다. 수업 흐름을 살피고 언제 어떤 형태의 평가를 실시할 것인지만 정하면 된다. 이렇게 표만 간단히 작성해두어도 '교육과정 – 수업 – 평가' 일체화를 쉽게 이룰 수 있다.

| 4학년 2학기 〈사회〉 1단원 블렌디드 (전) | |
|---|---|
| **차시** | **차시별 활동 주제** |
| 1 | 단원 학습 내용 예상하기 |
| 2 | 촌락의 종류와 특징 알아보기 |
| 3 | 촌락의 모습 조사하기 |
| 4 | 도시의 특징 알아보기 |
| 5 | 도시의 모습 조사하기 |
| 6 | 촌락과 도시의 공통점과 차이점 알아보기 |
| 7 | 촌락 문제를 해결하기 위한 다양한 노력 알아보기 |
| 8 | 도시 문제를 해결하기 위한 다양한 노력 알아보기 |
| 9 | 살기 좋은 촌락과 도시 만들어보기 |
| 10 | 교류의 뜻과 필요성 알아보기 |
| 11-12 | 촌락과 도시의 사람들이 어떻게 도움을 주고받는지 알아보기 |
| 13 | 촌락과 도시가 교류하는 모습 조사하기 |
| 14-15 | 단원 학습 내용 정리 및 사고력 학습 |

⇩

| 4학년 2학기 〈사회〉 1단원 블렌디드 (후) | | | |
|---|---|---|---|
| 차시 | 블렌디드 러닝 주제 | 수업 형태 | 평가 계획 |
| 1-2 | 단원 학습 내용 예상하기<br>촌락의 종류와 특징 알아보기<br>도시의 특징 알아보기 | 대면① | |
| 3 | 촌락의 모습 조사하기<br>도시의 모습 조사하기 | 원격①② | |
| 4-5 | 촌락과 도시의 공통점과 차이점 알아보기 | 대면② | ★지필평가<br>(서술형) |
| 6-7 | 촌락 문제를 해결하기 위한 다양한 노력 알아보기<br>도시 문제를 해결하기 위한 다양한 노력 알아보기<br>살기 좋은 촌락과 도시 만들어보기 | 대면③<br>원격③ | |
| 8-9 | 교류의 뜻과 필요성 알아보기<br>촌락과 도시의 사람들이 어떻게 도움을 주고받는지 알아보기 | 대면①③ | |
| 10 | 촌락과 도시가 교류하는 모습 조사하기 | 원격① | |
| 11 | 단원 학습 내용 정리 및 사고력 학습 | 대면① | |

블렌디드 전후로 달라진 점은 일단 수업량이 줄었다는 점이다. 차시를 통합하거나 순서를 재배열하면서 자연스럽게 차시가 줄어들었다. 수업 형태 부분이 추가되었고 평가 계획 부분을 간단히 기록해두었다. 수업 형태 부분은 다음 '블렌디드 러닝 진행' 부분에서 더 알아보자.

## 블렌디드 러닝 진행 :
## 마음껏 넘나들며 배워라

대면 수업과 원격 수업을 넘나드는 블렌디드 러닝. 같은 형태의 수업이라도 다 같은 수업이 아니다. 이 말은 대면 수업과 원격 수업 속에도 수많은 수업 형태들이 존재한다는 것이다. 각각의 유형들을 살펴보고 교실 상황에 맞는 수업 형태를 선택해서 적용해보자.

| 차시 | 블렌디드 러닝 주제 | 수업 형태 | 평가 계획 |
|---|---|---|---|
| 1-2 | 단원 학습 내용 예상하기<br>촌락의 종류와 특징 알아보기<br>도시의 특징 알아보기 | 대면① | |
| 3 | 촌락의 모습 조사하기<br>도시의 모습 조사하기 | 원격①② | |
| 4-5 | 촌락과 도시의 공통점과 차이점 알아보기 | 대면② | ★지필평가<br>(서술형) |
| 6-7 | 촌락 문제를 해결하기 위한 다양한 노력 알아보기<br>도시 문제를 해결하기 위한 다양한 노력 알아보기<br>살기 좋은 촌락과 도시 만들어보기 | 대면③<br>원격③ | |

| 블렌디드 수업 형태 | |
|---|---|
| 대면 수업 | 원격 수업 |
| ① 핵심 개념 수업<br>② 발표 및 공유 수업<br>③ 활동 중심 수업<br>④ 기타 | ① 콘텐츠 활용 수업<br>② 과제 제시형 수업<br>③ 실시간 쌍방향 수업<br>④ 기타 |

먼저 대면 수업 유형은 크게 핵심 개념 수업과 발표 및 공유 수업, 활동 중심 수업으로 나눌 수 있다. 원격 수업에서 모둠 활동 또는 개인 조사 활동을 하기로 했다면 대면 수업에서 핵심 개념을 설명해야 한다. 예를 들어 촌락과 도시의 모습을 조사하기 전에 촌락과 도시의 개념 및 특징들을 교실에서 미리 익힐 필요가 있다. 반대로 원격 수업에서 이루어진 모둠 활동 및 조사 활동을 대면 수업에서 소개하고 발표하는 방식도 있다. 학생들은 친구들이 원격 수업에서 조사한 촌락과 도시의 모습을 살펴보면서 교실에서 촌락과 도시의 공통점과 차이점을 함께 정리했다. 활동 중심 수업은 개인 및 모둠의 학습자 중심의 활동 수업을 의미한다. 만들기, 토의·토론, 수준별 학습 등 학습 목표에 맞는 다양한 수업 활동들이 가능하다.

다음으로 원격 수업 유형에는 콘텐츠 활용 수업, 과제 제시형 수업, 실시간 쌍방향 수업 등이 있다. 각 주제에 맞게 효율적인 방법을 선택하면 된다. 다양한 조사 활동, 수업의 폭을 넓히려면 콘텐츠 활용 수업이 좋고, 개인별 탐구 시간이 필요하다면 과제 제시형 수업이 좋다. 또한 모둠 활동과 활발한 의사소통을 위해서는 실시간 쌍방향 수업이 용이하다. 예를 들어, 촌락과 도시 모습을 조사하는 활동에서는 개인의 탐구력을 신장시키고 다양한 자료를 활용하기 위해 콘텐츠 활용 수업과 과제 제시형 수업을 결합해서 진행했다.

이렇듯 대면 수업과 원격 수업의 형태를 적절히 결합하기만 하면 블렌디드 러닝이 된다. 사실 수업 형태를 구분한다는 것 자체가 아이러니이긴 하다. 블렌디드 러닝은 수업 형태가 결합된 그 자체를 의미

하기 때문이다. 우리가 항상 기억해야 하는 것은 '연결'이다. 형태는 말 그대로 형태일 뿐이다. 수업 형태를 넘어서 다양한 수업을 연결시킬 때 진짜 블렌디드 러닝이 완성된다.

## 블렌디드 러닝 마무리 : 피드백으로 발 구르기

기본적으로 피드백은 언제든 이루어지면 좋다. 수업 중, 작은 칭찬이나 작품 공유도 피드백의 일부이다. 피드백의 목적은 학생들이 배운 것을 확인하고 수정하고, 앞으로 나아가는 것에 있다. 이러한 목적을 달성하기 위해 우리는 블렌디드 러닝에서도 피드백을 소중히 해야 한다.

개별 피드백과 전체 피드백으로 나누어서 설명해보겠다. 개별 피드백은 체크 리스트를 활용해서 학생 한 명 한 명의 배움 정도를 확인하는 것이다. 잘못 이해한 부분이 있다면 빠른 시일 내에 교정해주는 것이 좋다. 예를 들어 원격으로 촌락과 도시 개인 과제를 제출했는데 촌락과 도시 구분이 잘못되고 특징이 뒤바뀐 경우 댓글이나 대면 수업을 통해 해당 학생에게 곧바로 피드백을 해줄 수 있다.

전체 피드백은 가능하면 긍정적인 부분에 초점을 맞추어서 교사의 말로 학생들에게 전달한다. 모둠 활동 발표를 마치고 모둠별로 잘한 점을 칭찬해주거나 학급 전체의 노력에 대한 고마움을 표현할 수 있다. 학생들이 힘을 모아서 촌락과 도시 노래를 만들고 촌락과 도시 교류 뉴스 영상을 만들어서 발표한 경우 일단 모두를 향해 박수를 보낸다. 그리고 좋았던 점, 잘했던 점, 기대되는 점들을 전체적으로 말해준다.

피드백은 블렌디드 러닝을 춤추게 한다. 기분이 좋아서 춤을 추고 다시 시작할 힘이 생겨서 춤을 춘다. 끝은 또 다른 시작이다. 이렇게 블렌디드 준비－진행－마무리 과정을 반복해나간다면 우리는 차근차근 더 멋진 블렌디드 러닝의 미래를 그려나갈 수 있을 것이다.

# 학부모가 본 블렌디드 러닝

지금 우리는 교육의 일대 전환기를 맞고 있다. 어느 한 국가, 한 대륙이 아니라 전 세계 교육의 패러다임이 바뀌고 있다. 코로나19로 인해 언택트 시대가 도래하고 교사와 학생 간의 대면으로 이루어지던 전통적인 공교육의 모습에 변화가 일고 있다.

교육의 큰 패러다임이 바뀌는데 혼란과 시행착오는 어쩌면 당연한 것이다. 그리고 교육의 형태 및 환경의 변화는 학생과 학부모에게 더 크게 다가온다.

싱가포르 정부는 4월 8일부터 모든 교육 기관을 폐쇄하고 원격 가정 학습(HBL, Home Based Learning)을 실시하라고 발표했다. 모두가 많은 두려움을 느꼈을 것이다. 하지만 모두에게 모든 것이 처음인 이 상황에 머무르지 말고 할 수 있는 것들을 하나씩 실천해나가야 한다. 이제 코로나 이전의 시대로 돌아갈 수 없다. 그렇다면 새로이 펼쳐질 블렌디드 러닝 방식에 맞추어 학교와 교사, 학부모가 함께 준비해나가야 한다.

4월 3일 오전.

"오늘 오후에 총리 발표가 있을 예정이래. 지금 마트에 사람들이 몰려서 쌀은 물론 생필품이 하나도 없대. 우리도 사재기해야 하는 거 아니야?"

이웃 동생에게서 메시지가 왔다. 최근 코로나 신규 확진자 수가 기하급수적으로 늘어난다 싶더니 싱가포르 정부에서 대대적인 조치를 취하려나 보다. 당장이라도 마트로 달려가고 싶지만 자리를 마음대로 뜰 수 없는 나는 워킹맘이다. 오후 4시쯤 직장 동료들과 함께 리셴룽(李顯龍) 싱가포르 총리의 담화를 보았다.

'아프지 않더라도 마스크를 착용하라', '필수 서비스(슈퍼, 병원, 대중교통 등)를 제외한 사업장은 폐쇄하라', '4월 8일부터 모든 교육 기관을 폐쇄하고 전면 재택 교육을 실시하라', '가족이 아니면 만나지 마라', '충분한 식료품 공급망을 갖고 있으니 사재기를 할 필요는 없다'.

NTUC의 텅 빈 진열대

모든 교육 기관 폐쇄라니? 아이들을 학교에 보낼 수 없다는 건가?

복잡한 마음으로 퇴근길에 NTUC(마트)를 들렀다. 그러나 거의 모든 진열대가 텅텅 비어 있는 걸 보고선 집으로 발길을 돌릴 수밖에 없었다.

– 실제 사례 중

## 원격 수업 플랫폼 기능?
## 가르쳐주지 말고 함께 놀아라!

학부모에게 가장 먼저 요구되는 역할은 아이들이 원격 수업 플랫폼에 익숙해지도록 도와주는 것이다. 필자의 학교는 원격 수업 플랫폼으로 줌을 사용했다. 갑작스레 시작된 원격 수업이었기에 학교에서 아이들에게 줌 사용법을 자세하게 설명할 시간적 여유가 없었다. 하지만 아직은 태어나서 처음인 것이 더 많은 우리 아이들은 새롭게 펼쳐진 수업 방식과 플랫폼에 금방 적응했다. 따로 가르쳐주지 않은 줌 기능도 수업 시간 틈틈이 이것저것 눌러보고 친구들과 이야기 나누며 금세 익혔다.

아이들 입장에서는 줌의 새로운 기능을 익힐 때마다 수업에 집중하기 힘들다. 수업 시간 내내 여러 가지 기능이 궁금하여 눌러보고 싶은 것이다. 가정에서 미리 줌 기능을 익히고 마음껏 만져본다면 실제 원격 수업 시간에 아이들이 집중하는 데 도움이 될 것이다.

세 아들의 본격적인 원격 수업이 시작되었다. 아이가 셋이라 원격 수업을 받을 장소도 노트북도 충분치 않았다. 급하게 인터넷을 통해 저렴한 노트북들을 구입해 안방, 작은방, 거실에 각각 설치했다. 1교시부터 8교시까지 실시간 쌍방향 수업이라니. 아이들의 시력 저하 및 피로도가 걱정되었다. 이어폰 때문에 아이들의 청력까지 나빠지진 않을지 걱정이 되어 방문을 꼭꼭 닫고 이어폰은 사용하지 않기로 했다.

등교 수업이었다면 선생님들께서 수업 준비부터 과제 제출까지 하나하

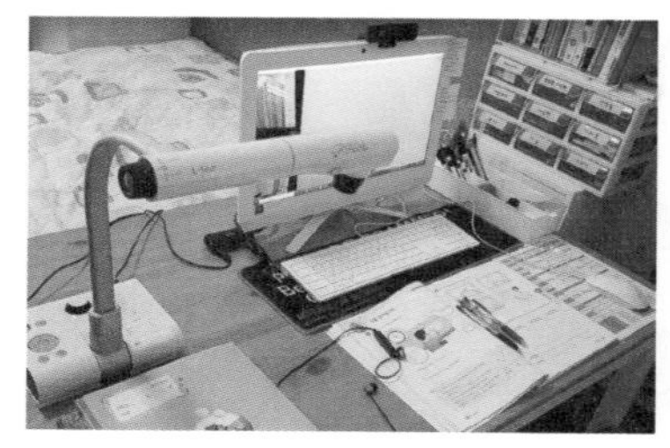

안방에 설치한 원격 수업 준비

거실에서 줌으로 수업 중인 둘째

나 챙겨주셨을 텐데, 원격 수업 준비는 처음부터 끝까지 엄마의 몫이었다. 먼저 원격 수업 플랫폼인 줌 다운로드를 마치고, 개인 줌 계정을 위해 아이들 개인별 구글 계정도 만들었다. 수업 도중에 오류가 날 것을 대비하여 아이들의 개인 휴대폰에도 줌 앱을 깔아놓았다.

매 수업 입력해야 하는 미팅 아이디도 미리 줌 히스토리에 입력해놓았으며, 학교에서 보내준 수업 꾸러미도 찾기 쉽게 정리해두었다.

어제 저녁에는 줌 기능을 미리 익히기 위해 아이들과 줌 회의방을 만들어서 놀아보기도 했다.

그런데!!

원격 수업을 시작하자마자 이 방 저 방에서 "엄마! 엄마!" 아이들이 정신없이 나를 찾았다. 어제 연습할 때까지는 전혀 문제가 없었던 줌 기능들이 말썽을 부린 것이다.

"엄마, 나는 선생님이랑 친구들 목소리가 들리는데 저쪽에서는 제 목소리가 안 들린대요."

담임선생님께 문의하니 즉각 답이 왔다. 설정에 들어가서 오디오 설정을 '인터넷 연결'로 변경하니 쉽게 해결되었다. 처음이라 모든 것이 정신없는 우리와 달리 아이의 담임선생님은 차분하게 하나하나 설명해주셨다. 시행착오를 예상하고, 사전에 이런 문의 사항에 대비해 많은 준비를 했다는 것이 느껴졌다. 짧은 기간 동안 얼마나 고민하고 노력했을지 생각하니 '이 기회에 선생님들의 수업을 평가할 수 있겠다'라고 오만하게 생각했던 내가 부끄러워졌다.

– 실제 사례 중

## 함께 고민해라!
## 학교와 교사는 도움의 손길을 내밀 준비가 되어 있다

"코로나19라는 예상치 못한 문제가 발생한 상황입니다. 아이들을 위한 일이니만큼 모두가 서로 손을 맞잡고 노력해야 합니다." (박백범 교육부차관)

여기서 '모두'는 누구를 지칭하는가? 해석에 따라 다르겠지만, 실시간 쌍방향 수업을 중심으로 해석하자면 '학교와 교사, 학부모'를 지칭하는 것이라 생각할 수 있다.

코로나 시대. 학교도 교사도 시행착오를 겪고 있다. 학부모가 힘든 상황을 공유하고 도움의 손길을 내민다면 함께 고민하면서 더욱 빠르게 블렌디드 수업이 안정적으로 자리 잡을 수 있을 것이다.

내일부터 당장 전면 원격 수업이 시작된다고 한다.

남편은 한국에 있고, 나는 출근을 해야만 하는 상황. 초등학교 2학년, 4학년인 아이들만 집에 두고 출근을 해야 한다는 생각에 눈물이 날 것 같았다. '아이들 점심 식사는 어떻게 해야 할까?', '모르는 사람이 왔을 때 아이들이 문을 열어주면 어쩌지?', '혹시라도 전기 합선이 되어 집에 불이라도 나면 어쩌지?'

한번 시작된 고민은 최악의 상황으로 치닫고 있었다. 머리가 터질 듯 고민하다가 결국 담임선생님께 나의 고충을 털어놓았다. 그런데 나의 고민이 무색하게 느껴질 만큼 빠르고 명쾌한 답변을 받았다.

노트북을 가지고(노트북이 없으면 교과서와 필기구만 지참해서) 학교에 와서 원격 수업을 들어도 된다고 하셨다. 게다가 이지 링크만 가지고 가면 급식까지 먹을 수 있어 점심 식사까지 해결되었다.

학교와 교사는 언제든지 도움의 손길을 내밀 준비가 되어 있다.

그냥 가볍게 지나칠 수도 있는 학부모의 고충을 알아주고 더 나은 방향을 찾기 위해 노력하는 학교와 선생님들의 실천하는 모습을 보며 학부모와 교사가 학생의 교육에 대해 같이 고민할 때 최고의 교육이 이루어진다는 걸 느꼈다.

현재의 상황에 충실하면서 학부모로서 할 수 있는 최선의 방법을 찾는 것. 그것이 블렌디드 수업으로 향하고 있는 지금 이 시대 부모들의 역할이라 생각한다.

– 실제 사례 중

코로나 블루란 '코로나19'와 '우울감(blue)'이 합쳐진 신조어로, 코로나19 사태의 장기화로 일상에 큰 변화가 닥치면서 생긴 우울감이나 무기력증을 뜻한다. 이는 감염 위험에 대한 우려는 물론 '사회적 거리두기'로 인한 일상생활의 제약이 커지면서 나타난 현상이다.

쳇바퀴 돌 듯 돌아오는 삼시세끼 밥 차리기, 돌아서면 쌓이는 빨랫감들, 치워도 치워도 샘솟듯이 다시 어질러져 있는 집.

긴 시간 동안 집에서 아이들을 돌보고 집안일을 하느라 자신을 위한 시간이 없어진 많은 학부모들이 '코로나 블루'를 겪고 있다. 무기력하고 우울하고 예민해진 몸이 면역력까지 약화시키며 정신과 육체를 갉아먹는다. 이렇게 우울감에 빠져들게 되면 자녀의 감정을 읽거나 공감할 수 없게 되고, 이것은 자녀의 정서 불안으로 자연스레 이어진다. 그러므로 내 아이의 건강한 정신을 위해서는 학부모가 먼저 '코로나 블루'를 극복해야 한다.

원격 수업 중 학생들이 수업 흐름을 끊지 않도록 선생님들은 전체 음소거 설정을 해놓는다. 그래서 학생들은 질문이 있으면 카메라 앞에 손을 흔든다.

이 모습을 많이 보았기에 방심했던 것 같다. 아니 더는 나의 우울감을 참을 수 없었다는 표현이 맞는 것 같다.

원격 수업 시간 내내, 세 아이의 요구 사항은 끊임없이 이어진다. 그래서 나를 위해 오롯이 집중할 수 있는 시간은 10분을 채 넘지 못한다. 이것이 한 달, 두 달 지속되면서 내 안에서 짜증이라는 것이 쌓이고 있었나 보다. 막내가 원격 수업 중 냉장고 문을 열었다 닫았다 정신없이 굴

더니 결국 주스를 꺼내다가 떨어뜨려서 주스 한 병을 다 흘리고 말았다. 평소라면 놀랐을 아이를 먼저 챙겼을 텐데. 내가 뒷처리를 다 해야 한다는 생각에 화가 나서 막내에게 버럭 소리를 지르고 말았다.

1분도 채 되지 않아 같은 반 친구 엄마들에게서 문자가 쏟아진다. 무슨 일 있느냐. 도울 일이 있으면 말하라. 자기 집도 매일 전쟁이다… 등등.

아이의 컴퓨터를 보니 음 소거 해제(Unmute) 상태이다. 부끄럽다는 생각도 잠시… 나의 순간적인 감정으로 인하여 아이에게도 상처를 주고 말았다는 생각에 왈칵 눈물이 났다.

학교에 가지 못하고 친구들과 마음껏 만날 수도 없는 내 아이의 마음에도 우울감이 있을 텐데, 나는 그것을 보지 못했던 것 같다. 그래!! 아이가 행복해지려면 내가 먼저 행복해져야 해. 매일 새벽 스카이프를 통해 온라인으로 요가 수업을 하기로 했다. 그리고 일주일에 한두 번은 이웃 엄마들과 온라인 티타임을 가지면서 서로를 격려하고 힘을 주는 시간도 갖기로 했다.

엄마의 힐링을 위한 온라인 요가 수업

이 글을 읽고 있는 모든 엄마들에게 이야기하고 싶다.

"하루에 1시간이라도 나만을 위한 시간을 확보하세요. 그리고 힘든 시기를 의연하게 잘 견디고 이겨나가는 우리 아이들의 마음속을 자주 들여다봐요."

– 실제 사례 중

## 기다리고 기다리던 등교 수업!
## 모두를 위해 필요한 배려!

기다리고 기다리던 등교 수업일이 다가온다. 아침에 아이들을 일찍 깨울 필요가 없어서 좋았는데! 교과서가 집에 다 있으니 매일 책가방 챙기는 수고도 덜 수 있었는데! 막상 등교를 한다고 하니 원격 수업이 더 편하게 느껴지는 건 청개구리 엄마들의 특징인가 보다.

걱정도 앞선다. 학교는 안전할까? 많은 아이들이 모이는데, 학교에서 방역 지침을 잘 지킬까?

어떤 것이 정답인지 잘 모르겠다. 아직 계속해서 확진자가 나오고 있는데 학교를 보내는 것이 맞는지. 이렇게 걱정하는 엄마의 마음을 아는지 모르는지 학교 간다는 생각에 아이들은 콧노래까지 부르며 마냥 신이 났다.

두근두근 등교일.

얼마나 설레는지 새벽부터 일어나서 등교 준비를 마친 세 아들.

"마스크 벗으면 안 돼! 쉬는 시간마다 손 씻어." 엄마의 걱정스러운 외침을 듣는 둥 마는 둥 아이들은 후다닥 현관문을 닫아버린다.

엄마들의 불안한 마음을 꿰뚫어보는 능력이 있는 걸까? 오후에 선생님께서 사진을 몇 장 보내주셨다. 스쿨버스 타기 전 체온 체크, 교실에서는 개인 가림막 사용, 점심 시간 체온 체크, 투명 가림막이 설치된 학교 식당, 매일 교실 방역.

그제야 나는 마음 놓고 일상생활로 돌아간다.

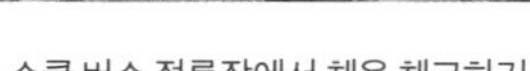

스쿨 버스 정류장에서 체온 체크하기

개인 가림막이 설치된 교실

## 등교 수업! 엄마의 마음으로 이것만은 지켜주세요!

- 아이가 컨디션이 좋지 않으면 집에서 쉬게 해주세요.
- 마스크 끈이 끊어지거나, 마스크가 오염될 수 있으니 여분 마스크를 꼭 챙겨서 보내주시고(여분 마스크는 책가방 속에 1개, 사물함 속에 1개), 수시로 확인해주세요.
- 가림막이 설치되어 있지만, 급식 먹을 때에는 이야기를 나누지 않도록 가정에서부터 교육해요.
- 손을 자주 씻는 습관을 만들어요.
- 스쿨 버스 승·하차 시 1미터 안전거리를 유지해요.

# 블렌디드 러닝에서 학부모의 역할

SKIS에서의 블렌디드 러닝은 교사, 학부모, 학생 모두 만족할 만한 수업이었다. 열정이 넘치는 능력 있는 교사들과 어려운 상황 속에서도 잘 따라온 학생들. 하지만 이 성공적인 블렌디드 러닝의 숨은 공신은 학부모였다. 교사와 마음을 터놓고 소통하고 자녀의 관찰자, 인도자, 조력자로서의 역할을 완벽하게 해낸 학부모님들 덕분에 SKIS의 블렌디드 러닝이 더욱 빛날 수 있었다.

## 자녀의 관찰자, 인도자, 조력자로서의 7가지 학부모 역할

첫째, 아이가 스스로 컴퓨터를 켜고 실시간 쌍방향 수업을 위한 플랫폼에 접속하는 기능을 완벽하게 익힐 때까지 함께 연습하라.

실시간 쌍방향 수업을 하다 보면 플랫폼 기능 오류로 수업 공간에서 혼자 튕겨 나간다거나, 인터넷이 불안정하여 교사의 설명이 매끄럽게 들리지 않는 등 여러 가지 불편한 상황이 자주 일어난다. 그때마다 매번 교사가 해결사로 나선다면 수업의 흐름이 끊기게 되고 당연히 수업의 질이 떨어질 수밖에 없다. 부모가 곁에 없어도 아이 스스로 이러한 문제를 해결할 수 있어야 한다. 그러기 위해서는 많은 훈련이 필요하고, 학부모의 역할이 아주 중요하다. 나아가 수업 플랫폼의 다양한 기능까지 연습할 수 있다면, 아이가 안정적으로 수업을 받는 데 도움이 될 것이다.

원격 수업은 다양한 스마트 기기나 줌과 같은 수업 플랫폼에 대한 의존도가 높기 때문에 교사와 학생 모두 적합한 사양의 정보 통신 기기와 인터넷망을 확보해야 하고, 각종 인프라와 인력의 지원이 필요하다. 그와 더불어 학부모에게는 기존의 수업이나 학생 지원에는 크게 필요치 않았던 다양한 능력까지 요구하게 된다.

---

### 학부모라면 알아두세요!

자녀의 원격 수업 수강을 위한 컴퓨터나 태블릿, 휴대폰 같은 스마트 기기의 사양을 점검하고 시범 운영을 해보는 것 또한 부모의 중요한 역할이다. 저학년뿐만 아니라 고학년 학생들도 스마트 기기의 운영이나 활용에는 익숙할지 몰라도 기기의 사양이나 업그레이드에 필요한 패치, 프로그램 설치에는 능숙하지 않다.

물론 학부모도 각자의 배경 지식이나 직업군에 따라 스마트 기기에 대한 이해도의 차이는 있을 것이다. 그러나 학부모는 최소한 어떻게 이 난관을 해결할 수 있을지 고민해야 하고, 그에 대한 도움을 받을 수 있는 방법 또한 알고 있다. 학습자가 몸 담고 있는 교육청 또는 학교에 문의할 수 있고 도움을 요청할 수 있다.

둘째, 주간 학습 안내를 꼼꼼하게 숙지하여 미리 준비를 하라.

원격 수업은 등교 수업과 달리 수업 시간의 유연성에 한계가 있다. 교사 입장에서 학생이 미리 수업 준비가 되어 있지 않다면 수업을 원활하게 진행하기가 힘들다. 따라서 주간 학습 안내에 제시되어 있는 교과서, 준비물, 필기구 등을 미리 준비해서 수업에 참여할 수 있도록 도와야 한다. 그리고 학교에서 학습 꾸러미가 오면 빠진 것은 없는지 목록과 비교하며 미리 확인해야 한다. 수업 직전에 누락된 것을 발견하고 도움을 요청하는 곤란한 상황은 없어야 할 것이다.

셋째, 아이가 침대에 앉거나 누워서 수업에 참여하지 않도록 교실 환경과 최대한 비슷한 환경을 제공하라.

실시간 쌍방향 수업 시 소파나 침대에 앉거나 반쯤 누워서 수업을 듣는 아이들이 있다. 뿐만 아니라, 교사의 눈을 피해 화면에 다른 창을 띄우고 보거나, 휴대폰을 사용하거나 음악을 듣는 등 학생들의 다양한 일탈 행동이 관찰되고 있다. 이는 교사 입장에서 보기 좋지 않을 뿐만 아니라, 다른 아이들에 비해 일탈 행동을 하는 아이들이 수업에 집중을 못 하기에 걱정이 앞선다.

따라서 학부모는 아이의 산만함이 제한된 공간을 찾아야 한다. 그러한 지정된 공간에 앉아서 학습할 때에 비로소 아이는 편안하게 학습에 집중할 수 있다. 아이들이 집에 있는 동안 주의가 산만해지는 것은 불가피한 일이다. 부모로서 할 수 있는 또 하나의 일은 산만함이 발생하기 전에 대비하는 것이다. 산만함을 최소화하기 위해서는 원격 수업 시 장난감, 게임기 등을 주변에서 치워야 한다.

학교에서 아이들의 집중력을 최대로 끌어올리기 위해 좌석의 위치와 아이의 자세를 감독하는 것은 교사의 몫이다. 실시간 쌍방향 수업으로 인하여 학습의 장소가 바뀌었으므로 아이들이 안정적으로 수업에 참여하고 배우도록 하는 책임은 학부모에게 있다.

넷째, 수업 시간에 자녀가 대답을 잘하지 못하거나, 틀린 답을 하더라도 절대 끼어들어서 혼을 내거나 정답이 무엇인지 알려주지 말라.

학부모는 아이에게 지원과 격려를 제공하고 아이가 자신의 역할을 수행하기를 믿고 기다려야 한다. 우리는 부모가 전임 교사이거나 교육 및 내용 문제 전문가가 되기를 기대하지 않는다. 수업의 방법은 바뀌었지만 여전히 수업은 교사와 학생 간의 대화이다.

수업 집중력을 높이기 위해서 학부모가 자녀의 수업 태도나 학습 과정에 지나치게 관여하면 자녀와 갈등을 일으킬 수도 있으니 유의하여야 한다. 자녀의 원격 수업에 대한 막연한 불안감으로 모든 수업 시간을 관리하고 제어해야 한다는 부담은 통제와 규칙을 강화하게 되어 자녀의 자발성을 해칠 수 있다. 적당한 거리를 두고 수업의 감시자가 아닌 관찰자와 인도자, 조력자로서의 역할이 무엇보다 필요한 때이다.

다섯째, 규칙적인 패턴을 유지할 수 있도록 아이와 함께 일정표를 작성하라.

아이들은 학교 일정에 익숙해져 있으므로 원격 수업 시에도 일정을 동일하게 유지하는 것이 좋다. 예를 들어, 일정한 시간에 일어나서 수업 준비를 하고, 점심 식사 후 간단히 산책을 하는 등 등교 수업 때와 비슷하게 일상을 유지하는 것을 권한다. 규칙적인 패턴의 힘을 과소평가하지 말아야 한다. 일정을 일관되게 유지하는 것은 아이들에게 편안함을 심어줄 것이다. 원격 수업 시간 외의 비는 시간을 어떻게 설정해야 할지 감이 오지 않는다면 교사와 상의하는 것도 좋다.

여섯째, 아이들이 친구들과 연락을 유지하도록 도와라.

학교는 배우는 장소 그 이상이다. 아이들 간의 사회적 유대는 학업 성취도뿐만 아니라 정서적인 면에도 긍정적인 영향을 미친다. 코로나로 인하여 아이들의 학교, 교사, 친구에 대한 그리움이 극대화되고 있으며, 이 그리움을 오랫동안 충족시키지 못할 경우 우울감에 빠져들기도 한다. 이에 아이들의 감정을 잘 들여다보고 마음을 헤아려주며 충족시켜주는 것이 학부모의 역할이다. 직접 만나지 못하더라도, 일정한 시간에 온라인을 통해 친구들과 만날 수 있는 공간을 마련해준다면 아이들의 정서적 안정에 큰 도움이 될 것이다.

일곱째, 교사와 끊임없이 피드백을 주고받으며 자주 소통하라.

코로나19로 인한 팬데믹으로 대부분의 학교가 원격 수업을 하게 되면서 교사들의 모든 교실 수업이 통신망을 통해 학교 밖으로 공개되게 되었다. 수업이 교사의 주된 업무이자 당연한 일이지만 교사 개인에게는 힘들고 부담스러운 일이다. 실제로 수업 영상을 캡쳐해 교사의 외모, 말투 등을 희화시키는 학생들이 적발되기도 했다는 이야기를 주변에서 쉽게 접할 수 있다.

실시간 쌍방향 수업 속에는 교사들의 수많은 노력과 열정이 담겨 있다는 것을 간과해서는 안 된다. 자의 반 타의 반으로 교사의 수업을 참관할 수밖에 없는 학부모는 수업의 단순 비교보다는 교사들을 향한 피드백, 다시 말해 발전 가능성이 있는 피드백을 제공해줄 때 원격 수업의 질을 더욱 높일 수 있음을 명심하자. 왜냐하면 실시간 쌍방향 수업의 효과나 반응을 눈으로 가장 정확하게 확인할 수 있는 사람이 학생과 학부모이기 때문이다. 수업 내용 및 구성에 대한 피드백이 지속적으로 제공되는 과정을 통해 교사들은 수업의 노하우가 쌓이면서 더 나은 수업을 학생에게 제공할 것이다. 특히, 반응이 일관적이지 못하고 집중력이 떨어지는 저학년 수업에서 이러한 피드백 제공은 귀중한 선물처럼 느껴질 것이다.

아이가 실시간 쌍방향 수업에서 어려움을 겪고 있을 때에도 학부모의 적극적인 행동이 요구된다. 교사는 당신이 생각하는 것보다 더 많은 것을 도울 수 있다. 그리고 열린 마음으로 기꺼이 도와줄 것이다.

안정적인 블렌디드 러닝을 위해서 학부모와 교사의 파트너십이 그 어느 때보다도 중요하게 여겨지고 있는 시점이다. 학부모는 자녀 곁의 적극적인 조력자로서 자녀의 학습을 최적화하도록 돕는 큰 역할을 맡고 있다는 것을 잊지 말아야 할 것이다.

# 한국형 블렌디드 러닝을 위한 FAQ

## Q 블렌디드 러닝을 운영할 때 오프라인과 온라인으로 나눌 수 있는 기준이 무엇인가?

현재 블렌디드 러닝에 대한 정의는 다양하다. 본 책에서는 블렌디드 러닝을 등교 수업과 원격 수업으로 나누고 있다. 기존처럼 학생이 학교에 등교하여 수업하는 부분을 오프라인 수업으로, 학생이 등교하지 않고 학교 이외의 공간에서 수업에 참여하는 방식을 온라인으로 정의할 수 있다. 하지만 앞으로 블렌디드 러닝이 발전함에 따라 학교에서 학생들이 온라인으로 접속하여 수업에 참여하는 방식도 블렌디드 러닝에 포함되며 많이 사용될 것으로 보인다.

**Q 블렌디드 러닝이 대면 수업만 하거나 온라인 수업만 하는 것보다 좋은 점은 무엇인가?**

수준별 지도 및 교사 피드백이 포함된 교육이 가능하고, 학생들은 자신의 속도에 맞추어 배울 수 있는 유연성이 보장된다. 교육 세션의 비디오 녹화가 가능하여 복습의 효과도 아주 높을 것이다. 게다가 블렌디드 러닝은 교사의 일방적인 강의가 주를 이루는 대부분의 오프라인 수업의 한계를 뛰어넘어 교수자와 학습자, 혹은 학습자끼리의 쌍방향 상호 작용을 도모한다. 그리고 오프라인 수업에서 수줍고 소극적인 학습자가 온라인상에서 적극적인 모습으로 변하는 일이 흔하게 눈에 띈다. 학생들은 블렌디드 러닝을 통해 사회성도 신장시킬 수 있다.

**Q 등교 수업과 원격 수업의 장점을 살려 혼합한 교육이 블렌디드 러닝인데, 원격 수업의 경우 반드시 가정에서만 진행되는 경우를 말하나?**

블렌디드 러닝에서 진행되는 원격 수업의 경우, 가정에서 진행되는 경우만을 한정하지 않는다. 학교 교실, 컴퓨터실 등에서 이루어지는 등교 수업의 경우에도 교사가 효과적인 수업 목표 달성을 위해 교실에서도 원격 수업을 진행할 수 있다. 예를 들어, 모둠별로 협력적 글쓰기를 진행하거나, 어떤 주제에 관련한 프레젠테이션을 준비할 때도 이를 활용할 수 있다. 또한 주말에 학생들이 모둠별 과제를 수행할 때에도 직접 만나지 않고 줌을 통해 토의하고 구글 스프레드시트를 공유하여 협력 작업을 할 수 있다.

## Q 코로나 같은 팬데믹 시기 외에도 원격 수업이 필요한 경우가 있을까?

블렌디드 러닝은 필요에 의한 선택이 아닌 조금 빨라진 우리의 미래 교육이다. 집단 감염을 막기 위한 이유뿐만 아니라, 황사, 태풍, 폭설, 폭염 등 등교 수업이 위험할 수 있는 상황에서도 꼭 필요한 수업 방식이다. 자연재해나 날씨로 인하여 휴업 또는 휴교할 때만 블렌디드 러닝을 하는 것이 아니라 평소에도 등교 수업과 원격 수업의 장점을 살린 수업을 하는 등 블렌디드 러닝이 안정적으로 자리 잡게 될 것이다.

## Q 블렌디드 러닝을 운영할 때 한국 교육과정에 적합한 (수업, 과제, 평가까지 가능한) 온라인 플랫폼은 무엇인가?

현재 원격 수업을 운영하는 다양한 플랫폼이 운영되고 있다. 플랫폼의 선정 기준은 다양한 기능, 서버의 안정성, 접근의 편의성 등이 있다. 원격 수업은 크게 콘텐츠 활용 수업, 과제 제시형, 실시간 쌍방향 수업으로 나눌 수 있다. 콘텐츠 활용 수업 유형으로 e학습터, EBS 온라인 클래스, 과제 제시형 수업을 위해 구글 클래스룸, 클래스팅, 학급 홈페이지를 활용할 수 있다. 그중에서도 본교에서는 학생 개별 과제 제출 및 피드백을 쉽게 할 수 있어 구글 클래스룸을 많이 활용하고 있다. 실시간 쌍방향 수업의 경우 줌, 구글 미트, 온 더 라이브, 유튜브 라이브, 밴드 라이브 등이 있다. 현재까지는 서버가 안정적이라는 이유로 줌이 가장 많이 이용되는 플랫폼이지만, 일부는 줌의 개인정보 보호 역량 등에 의문을 품고 있는 실정이다.

**Q 원격 수업을 준비하기 위해 사용할 수 있는 저작권의 범위는 어디까지인가?**

저작권자의 이익을 부당하게 침해하지 않는 범위 내에서는 공표된 저작물 이용이 가능하다. 교과서 사진이나 동영상, 출판사 제공 학습자료, EBS 콘텐츠의 일부분(e학습터 외 교육 플랫폼에 20퍼센트 허용, 최대 15분), 시중에 판매되는 문제집과 참고서의 일부분, 원격 수업의 배경 음악으로 사용하는 음원의 일부분 등은 학교 수업을 목적으로 사용 가능하다. 유튜브의 기존 영상물을 이용하기 위해 주소를 링크하여 수업 또는 수업 지원에 활용하는 것도 저작권 침해에 해당되지 않는다. 위 저작권법은 코로나19로 인해 원격 수업을 실시하는 기간 동안 가능한 것이며 추후 코로나19 종료 후 교육부 원격 수업 체계 개편 시 저작권 이용 범위는 재논의될 예정이라고 한다.

**Q 블렌디드 러닝에 참여하고 싶은데 인터넷 접속이 어렵거나 불편한 환경의 학생은 어떻게 해야 하나?**

블렌디드 러닝은 인터넷 접속이 원활한 환경을 기본 전제로 하고 있다. 대면 수업과 원격 수업이 이루어지는데 원격 수업도 큰 부분을 차지하므로 인터넷은 꼭 필요한 준비 조건이라고 볼 수 있다. 하지만 인터넷이 어려운 환경에 있는 학생도 함께 공부할 수 있다. 학교에 본인의 상황을 이야기하고 등교하여 학교의 인터넷을 이용하는 방법이 있다. 또한 교사와 미리 상의하여 실시간 쌍방향 수업을 녹화 기능을 이용하여 녹화한 후, 그 녹화된 수업 내용을 받아 보는 방법이 있다.

**Q 블렌디드 러닝으로 학생들을 수준별로 지도할 수 있는 효과적인 방안은 무엇인가?**

줌의 소회의실 기능을 사용하여 지도가 필요한 학생을 따로 만날 수 있다. 학생이 부족한 부분에 대해 개별적으로 과제를 제시하여 학습 격차를 줄일 수 있다. 학생들이 서로 가르치는 방법인 피어 티칭 또한 유용하다. 수준별 수업을 계획할 때 등교 수업에서는 평준화 수업을, 온라인 수업에서는 수준별 분반 수업을 하여 학생들을 수준별로 지도할 수 있다. 단, 학생들의 학업 격차가 크게 벌어지지 않도록 교사들이 적정 수준에서 각 수준별 성취 수준을 정해야 할 것이다.

**Q 블렌디드 러닝에서 예체능 수업을 효과적으로 진행할 수 있는 방법은 무엇인가?**

'한 아이를 키우려면 온 마을이 필요하다'는 아프리카 속담이 있다. 우리 주변을 잘 살펴보면 마을 주민과 함께하는 교육을 위해 애쓰는 이웃들이 많이 있다. 등교 수업에서 배우기 힘든, 또는 보기 힘든 예체능 관련 기술적 능력 전수나 공연을 접하여 마법 같은 수업을 할 수 있다. 예를 들어, 지방에서 접하기 힘든 '국립중앙박물관 큐레이터와의 대화', 수도권에서 접하기 힘든 '임실 치즈체험'을 원격 수업을 통해 생생하게 경험할 수 있을 것이다. 또한 AR, VR 등의 첨단 플랫폼을 사용하여 학생들이 원격을 통해서도 마치 직접 체험하는 듯한 경험을 선사할 수 있다. 사람을 직접 만나고 느껴야 더욱 효과적인 수업들도 있다. 이러한 수업의 경우 블렌디드의 최대 장점을 살려 원격을 통해 이론적인 부분을 학습하고 대면 수업을 통해 직접 학생들을 마주하고 지도할 수 있다.

**Q 블렌디드 러닝은 교과 수업에서만 이루어지나?**

블렌디드 러닝은 교과뿐만 아니라 창의적 체험 활동에서도 큰 효과를 발휘할 수 있다. 창의적 체험 활동 중 동아리 활동의 경우 등교 수업과 원격 수업을 오가며 심도 있게 이루어질 수 있다는 장점이 있다. 진로 활동 및 안전 교육의 경우 각종 지자체와 협력하여 온라인을 통해 실시간으로 직업 현장의 모습을 보고, 질의응답도 자유롭게 주고받을 수 있으리라 기대한다. 그리고 이외에 쉬는 시간이나 점심 시간, 방과 후 놀이 시간에도 놀이를 활용한 생활 지도 및 배움이 가능하다.

**Q 등교 수업의 경우 교사가 학생의 참여 여부를 쉽게 확인할 수 있다. 그런데 원격 수업의 경우, 특히 실시간 쌍방향 수업이 아닌 과제 제시형 수업 형태의 경우 어떻게 학생들의 참여 여부와 이해도를 확인할 수 있을까? 나아가 원격 수업을 하는 동안 학생 관리를 어떻게 해야 할까?**

원격 수업 형태에서 실시간 쌍방향 수업의 경우 학생들의 출석 여부가 쉽게 확인 가능하다. 그런데 학생들이 실제로 수업에 참여하는지는 별개의 문제이다. 또한 과제 제시형 수업 형태의 경우라면, 출석과 이해도 역시 확인하기 쉽지 않다. 따라서 이때는 구글 공유 문서, 구글 클래스룸에 출석 여부를 체크하도록 하는 것이 도움이 될 수 있다. 그리고 이해도를 높이기 위해 형성평가 학습지를 제시하거나 등교 수업 시간에 원격 수업 내용에 대한 간단한 테스트를 진행하기도 한다. 더불어 원격 수업을 모둠 학습 활동 형태로 제시하면서 참여도를 높이도록 하는 것이 좋다. 그리고 모둠 활동에서 낭비되는 시간을 막기 위해 제한된 시간 내에 정해진 결과물을 내도록 안내하는 것도 방법이다.

**Q 장기 입원 등으로 인하여 수업 결손이 많은 학생들을 위한 블렌디드 러닝에는 어떤 것이 있을까?**

건강상의 이유로 수업의 결손이 발생되는 학생들에게 블렌디드 러닝은 큰 장점을 가진 수업 형태이다. 학생이 원격 수업에 참여가 가능한 환경과 조건을 갖추고 있다면 장소와 시간에 구애받지 않고 수업에 참여할 수 있다. 또한 학생이 참여하지 못한 수업에 대한 과제를 개별적으로 제시하여 수업의 결손을 최소화할 수 있다.

**Q 스마트 기기 또는 인터넷 환경 문제로 인하여 온라인 플랫폼에 접속하지 못했을 경우, 결석 처리가 되나? 그리고 그날의 수업 결손은 어떻게 채울 수 있나?**

상황을 교사에게 공유하면 결석 처리되지 않는다. 수업 결손에 대한 부분은 교사가 그날 사용한 수업 도구(PPT, 동영상 자료 등)를 메신저를 통해 공유하여 보강할 수 있다. 그리고 좀 더 섬세한 보강은 등교수업 시 교사와 직접 대면으로 이루어질 수 있다.

**Q 블렌디드 러닝으로 모든 학생들이 평등하게 수업에 참여할 수 있게 하는 방안은 무엇인가?**

대면 수업의 경우 기존의 학교 시스템을 기반으로 운영되기 때문에 원격 수업에 모든 학생들이 평등하게 참여할 수 있는 방안을 강구하여야 한다. 해외 선진국의 경우 패드나 노트북을 학생들에게 배부하는 방식으로 학생들의 수업 참여를 돕고 있다. 우리도 학생들에게 정보화 기기를 모두 제공하는 것이 최선의 방법이 될 것이다. 하지만 이는 막대한 예산이 들어가는 일이기 때문에 당장 원격 수업, 특히 쌍방향 실시간 수업을 운영하기 위해서는 모든 원격 수업 플랫폼을 노트북만이 아닌 스마트폰으로도 접속할 수 있도록 운영해야 할 것이다.

**Q 블렌디드 러닝 중 온라인 수업을 할 때 아이를 위한 대안적 돌봄 방법이 없을 때에는 어떻게 해야 할까?**

원격 수업이라고 무조건 집에서 수업을 받아야 한다는 뜻이 아니다. 다양한 이유로 가정에서 돌봄 기능이 충족되지 않을 경우에는 학교 교실이나 컴퓨터실에서 원격 수업을 받을 수 있다. 맞벌이 가정에서 가장 신경 쓰이는 점심 식사 부분도 학교 급식 등으로 해결할 수 있도록 학교와 지자체 등이 협력하여 다양한 방법을 모색해야 할 것이다.

**Q 자녀의 자기 주도적 학습력을 키우기 위해서는 가정에서 무엇을 준비하면 좋을까?**

앞에서도 언급했듯이 스스로 학습 계획을 세우고 이를 실천하는 연습을 해보는 것이 좋다. 스스로 원하는 정보를 얻거나 기능을 익히기 위해 무엇을 해야할지 계획하고 실천해보는 것이 자기 주도적 학습력을 키우는 가장 좋은 연습이다. 다음으로 학교에서 배운 것을 복습하는 습관을 들이는 것도 효과적이다. 가정에서 일정한 시간에 수학 문제집을 풀어본다거나 교과서로 배운 내용을 읽고 정리해보는 시간을 가지는 것이 그 예가 될 수 있다. 배운 내용에 대한 복습으로 스스로 할 수 있고 모르는 점이 있다면 추후에 교사나 부모에게 문의하여 해결할 수도 있을 것이다. 마지막으로 스스로 원하는 공부를 하기 위해서는 무엇보다도 독해력이 필수 요소이다. 책을 읽고 내용 파악을 할 수 있다면 어떤 지식도 스스로 습득할 수 있게 된다. 따라서 꾸준한 독서 습관을 기르는 것이 중요하다. 자신의 수준에 맞는 책을 읽고 기회가 된다면 부모나 친구와 함께 이야기를 나누거나 토론하는 시간을 가지는 것도 자기 주도적 학습력을 향상시키는 데 많은 도움이 될 것이다.

### Q 블렌디드 러닝을 진행할 때 학생들에게 안내할 주의점은 무엇이 있을까?

스마트 기기, 구글 클래스룸, 줌, 편집 프로그램, 학습 관련 애플리케이션 등의 사용 방법에 대해 안내할 때 이 학습 도구들은 배움을 위한 도구일 뿐이라는 걸 잊어서는 안 된다. 그렇기에 수단이 목적이 되지 않도록 안내해야 한다.

원격 수업에서 교사를 만나고 학생 간에 소통이 진행되면 자칫 수업을 가볍게 여기거나 집중력이 흐트러질 수 있다. 따라서 교사는 학생들에게 분명한 목표 의식과 동기를 부여하는 일에 힘써야 한다. 더불어, 수업 중 다른 사이트 접속을 금지하고 수업 중 참여 여부를 지속적으로 확인하며 부모와 협력하는 등 수업에 오롯이 집중할 수 있는 환경을 만드는 것이 중요하다.

또한 주기적인 비밀번호 변경, 믿을 수 있는 자료만 다운 받기 등을 실시하여 개인 정보가 유출되지 않도록 조심한다. 온라인 클래스 침입자를 방지하기 위해서는 온라인 플랫폼 대기실 사용, 온라인 클래스 비밀번호 장치 사용, 한글+영어 닉네임 사용 약속하기 등 학교 측에서 다양한 가이드라인을 제시해야 할 것이다.

### Q 블렌디드 러닝에서 학생의 생활 지도나 상담을 원활하게 할 수 있는 팁에는 어떤 것이 있나?

카카오톡이나 페이스북 등 다양한 SNS 서비스를 통해 학생들과 교사가 끈끈하게 연결되어 있다면 온라인의 특성을 활용한 생활 지도가 될 수 있을 것이다. 그리고 정보 통신 윤리 교육을 보다 강화해야 한다. 직접 만나지 않고 대화할 경우 의도하지 않은 오해가 생길 수 있다. 서로에게 예절을 지키고 대화하는 것을 더욱 많이 연습시켜야 한다. 특히 문자를 통한 대화나 댓글의 경우 그 영향력이 크므로 학생들에게 끊임없는 교육이 필요하다. 주기적으로 학생들과 일대일 전화 상담, 화상 면담 등을 하여 직접 목소리를 들으면서 대화를 하는 것이 도움이 된다.

# 에필로그

Epilogue

## 미래 교육의 시작, 블렌디드 러닝

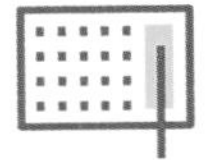

우리는 앞에서 블렌디드 교육의 필요성과 여러 모델, SKIS의 수업 사례를 살펴보았다. 그리고 블렌디드 러닝을 하게 되면 닥치게 되는 현실적인 고민들에 대한 방법적인 대안들도 제시했다. 그렇다면 이제 원점으로 다시 돌아가자. 우리는 왜 블렌디드 러닝을 해야 하는가?

2016년 1월 스위스 다보스에서 열린 세계경제포럼(World Economic Forum)에서 처음 제4차 산업혁명이라는 말을 사용하고 4차 산업혁명에서 필요한 인재의 역량을 제시했다.

> **2020년 제4차 산업혁명의 인재 역량:**
>
> 복합 문제 해결 능력, 비판적 사고 능력, 창의력, 인적 자원 관리 능력, 협업 능력, 감성 능력, 판단 및 의사 결정 능력, 서비스 지향성, 협상 능력, 인지적 유연력
>
> – 2016년 1월 세계경제포럼 〈일자리 보고서〉

미래 인재가 갖춰야 할 핵심 역량은 사회적 관계 기술과 인지 능력이다. 이는 집단 속에서 지속적인 상호 작용을 맺으며 키워나갈 수 있

다.[01] 따라서 학교 교육은 지식 위주의 수업이 아니라 이러한 역량을 키울 수 있는 방향으로 나아가야 한다. 한국에서도 4차 산업혁명에 대비해 교육도 바뀌어야 한다고 소리 높여왔다. 2015년 개정 교육과정에서 역량 중심의 교육의 필요성이 대두되면서 각 교과마다 기르고자 하는 역량을 제시하고 있다. 내용과 방법 면에서도 학습자 중심의 수업 방법을 제시하고 있다. 그러나 학교 현장에서의 변화는 더디기만 한 것 같았다.

코로나로 인해 강제 소환된 블렌디드 러닝은 앞으로의 교육이 어떻게 나아가야 할지에 대한 고민을 모두가 하게 되는 계기가 되었고 교육 패러다임의 변화를 앞당겼다. 이제 방역 차원의 블렌디드 교육을 넘어서서 미래 사회 인재가 갖추어야 할 역량을 키우기 위한 교육으로 나아가야 한다.

### '평생 학습자'라는 교육의 목표 재설정

교육 선진국은 암기 위주의 수업 방식을 탈피해서 토의·토론 위주의 수업으로 일찍이 전환했다. 이는 각 개인의 생각을 존중하며, 이를 지속적으로 발전시켜갈 수 있도록 돕는 교육 방식이다.

이제는 지식을 소유하는 시대가 아닌, 지식을 공유하는 시대이다. 누구나 지식의 생산자, 소비자, 전달자가 되어서 사회적 학습을 한다. 여행을 계획할 때도 다양한 여행 플랫폼 사이트에서 넘쳐나는 정보를

01 류태호, 4차 산업혁명, 교육이 희망이다. 경희대학교 출판문화원, 2017년

얻고 이를 선택하고 또 본인이 생산자와 전달자의 역할을 하기도 한다. 지금 학교에서 배우는 지식이 미래에는 의미 없어질 수도 있다. 그리고 원하는 정보는 이제 학교가 아닌 곳에서도 누구에게서든 어디에서든 얼마든지 얻을 수 있다.

따라서 학교 교육은 평생 학습자라는 교육 목표를 설정하고 자기 주도적 학습력을 키우는 수행 중심 학습과 역량 중심 학습으로 바뀌어야 한다. 기초적이고 지식 위주의 학습은 온라인으로 공부하고 등교 수업에서는 심화 학습, 학생 중심 수업, 협업 학습, 토론식 수업, 체험 학습과 같이 역량을 기르는 수업 방식을 선택해야 한다.

그러나, 한국은 아무리 역량 중심, 자기 주도적 학습을 강조해도 여전히 늦은 밤까지 학원가의 불이 켜져 있고 학생들은 지식 암기에 매달리고 있다. 이제 학교 교육은 달라져야 한다. 초등 교육에서부터라도 먼저 변화의 바람에 발맞추어 교육 목표와 내용, 교육 방법을 바꾸어야 한다.

### 교사, 학생, 학부모가 모두 평생 학습자

앞으로 누구나 교사가 될 수 있고 학생이 될 수 있다. 이제는 교사, 학부모, 학생 모두 평생 학습자로서 미래 교육을 준비해야 한다.

교육이 바뀌기 위해서는 교사가 바뀌어야 한다. 새로운 시대 흐름에 뒤처지지 않기 위해 미래 교육을 위해 자세 변화가 필요하다. 새로운 콘텐츠와 수업 방식에 대한 꾸준한 연구로 원격 수업과 등교 수업에서 어떻게 수업을 재구성할지 준비해야 할 것이다. 교사는 지식 전달자가 아니라 학생들의 자기 주도적 학습을 위한 교육 디자이너, 동기 부여자, 학습 플래너로서의 역할을 해야 한다.

학생은 학습의 주체자가 되어야 한다. 스스로의 학습 목표를 설정하고 계획하고 실천하는 방법을 배워야 한다. 지식을 어떻게 활용할지 원하는 지식을 어떻게 배워나갈지에 대한 목표를 가져야 할 것이다.

부모가 학습 멘토가 되어야 한다. 학부모도 이제는 모든 것을 학교에 맡긴다는 생각을 버리고 아이의 학습에 필요한 것이 무엇인지 고민해야 할 것이다. 아이가 스스로 공부하는 역량을 키울 수 있도록 기다려주고 공부법을 배울 수 있는 기회를 주어야 한다. 앞으로 멀티미디어 활용 수업과 원격 수업이 진행된다면 스마트폰과 컴퓨터 사용에 대한 지도는 물론, 부모 역시 모범을 보여야 할 것이다. 학부모가 정보를 제대로 활용하지 않으면서 자녀에게 컴퓨터나 인터넷의 바른 사용을 바라는 것은 언감생심이다. 부모도 학생, 교사가 공부하듯이 원격 수업의 방법과 앞으로의 교육 목표를 알고 공부해야 한다. 스스로 자녀 교육을 위한 멘토 역할을 해야 한다.

### 아이를 키우기 위해 온 마을의 힘을 빌린다

지금은 학교가 감염병 예방에 초점을 맞추고 교육과정을 재구성하고 수업을 준비하고 있는 실정이지만 앞으로 계속되는 등교 수업과 원격 수업이 함께 가는 알찬 블렌디드 수업을 위해 준비를 해야 한다. 등교 수업 때 학생들이 원격 수업에서 배운 것을 얼마나 잘 적용하고 활용해볼 수 있을지를 고민하고 이에 맞게 수업을 설계하는 것이 필요하다. 고학년의 경우 탐구 주제를 정해서 자기 주도적 학습 목표를 계획하고 실천해보는 기회를 마련할 수도 있을 것이다.

초등학교 저학년부터 소프트웨어 교육, 컴퓨터 사용 능력, 정보 통신 윤리 교육을 실시하고 학생들의 멀티미디어 사용에 대한 부작용을 사전에 예방할 수 있는 프로그램 개발도 필요하다. 또한 초등학교의 경우, 학교의 돌봄 기능이 기대되는 점을 고려하여 필요에 따라 학교에서 원격 수업을 실시할 수 있도록 배려와 지도가 필요해 보인다. 이를 위해 학교 인력 구조의 개편이 필요할 것이다. 그리고 취약 계층에 대한 시스템적 안전망을 마을 교육 공동체로서 교육부, 지역사회, 국가가 함께 고민해야 할 것이다.

이미 변화는 시작되었고 한국은 변화에 적응하기 위해 노력하고 있다. 어느 나라보다 자녀 교육에 관심이 많은 한국에서 조급증을 버리고 학생 스스로 학습할 수 있는 힘을 키우기 위해 모두의 지혜가 필요해 보인다. 더 이상 소위 좋은 대학 출신이라는 것이 미래의 보증 수표가 아님을 알고 스스로의 역량을 키우는 것이 필요하다는 모두의 인식 개선이 필요하다. 그리고 그 역량을 데이터화 할 수 있는 교육용 빅데이터 분석이나 학습 분석 프로그램을 개발하고 맞춤형 학습에 대한 학교 교육 차원의 노력이 필요하다. 21세기를 이끌어갈 인재를 양성하기 위해서 먼저 나부터 그 인재가 되기 위한 발걸음에 도전해보길 바란다. 어떤 역량을 키워야 할지 어떤 학습이 필요할지 답을 찾을 수 있을 것이다.

# 블렌디드 러닝 수업

**1쇄 발행** 2020년 12월 17일

**지은이** 김성현 지윤숙 강은하 박종규 노유림 이소영
윤종혁 신은섭 김혜란 송진수 김은혜 양귀란

**발행인** 윤을식
**펴낸 곳** 도서출판 지식프레임
**출판등록** 2008년 1월 4일 제2016-000017호
**주소** 서울시 동대문구 청계천로 505, 206호
**전화** (02)521-3172 | **팩스** (02)6007-1835

**이메일** editor@jisikframe.com
**홈페이지** http://www.jisikframe.com

ISBN 978-89-94655-89-5 (03370)